教育部高等学校大学外语教学指导委员会
高等教育出版社 主办
全国大学英语四、六级考试委员会 协办

04

Volume 4 · 第4辑

大学外语教学研究

College Foreign Language Teaching & Research

王守仁 主编

高等教育出版社·北京

图书在版编目（CIP）数据

大学外语教学研究．第4辑 / 王守仁主编．-- 北京：高等教育出版社，2020.5

ISBN 978-7-04-053698-0

Ⅰ．①大… Ⅱ．①王… Ⅲ．①外语教学 - 教学研究 - 高等学校 Ⅳ．①H09

中国版本图书馆CIP数据核字(2020)第028679号

策划编辑 常少华 责任编辑 王代军 封面设计 顾 斌
责任校对 张 凯 版式设计 孙 伟 责任印制 毛斯璐

出版发行 高等教育出版社
社 址 北京市西城区德外大街4号
邮政编码 100120
印 刷 高教社（天津）印务有限公司
开 本 787mm×1092mm 1/16
印 张 12.5
字 数 237千字
购书热线 010-58581118
咨询电话 400-810-0598

网 址 http://www.hep.edu.cn
http://www.hep.com.cn
网上订购 http://www.hepmall.com.cn
http://www.hepmall.com
http://www.hepmall.cn

版 次 2020年5月第1版
印 次 2020年5月第1次印刷
定 价 30.00元

物 料 号 53698-00

《大学外语教学研究》编委会

目 录

教学理念

地方高校工程应用型人才培养中大学英语教学范式的转变——基于新工科建设的思考

聂 慧 聂 智 上海工程技术大学

【摘　要】“新工科”背景下，地方高校作为新工科建设的主体之一，需要创新工程应用型人才培养模式。本文聚焦地方高校工程应用型人才培养中的大学英语教学范式，以提升跨文化交流素养为目标，围绕“新理念”“新结构”“新模式”“新质量”，从教学理念、课程设置、教学方式及师资水平四方面探讨了大学英语教学范式的转变。

【关键词】新工科；地方高校工程应用型人才培养；大学英语教学范式；跨文化交流能力

“新工科”建设与发展推动了高等工程人才培养在中国的实践探索，赋予了工程人才培养新的内涵。为主动顺应高等工程人才培养的新模式、新特点，培养具有国际视野、国际交流能力的工程应用型人才，地方高校作为“新工科”建设的主体之一，需要推动大学英语教学范式的创新与转变。

1. “新工科”建设与高等工程人才培养

1.1 新工科内涵

“新工科”内涵丰富，学界从不同角度提出了各自观点。《教育部高等教育司关于开展“新工科”研究与实践的通知》将“新工科”的研究内容概括为“五个新”，即“工程教育的新理念”“学科专业的新结构”“人才培养的新模式”“教育教学的新质量”“分类发展的新体系”。钟登华院士认为“新工科”的内涵是以立德树人为引领，以应对变化、塑造未来为建设理念，以继承与创新、交叉与融合、协调与共享为主要途径，培养未来多元化、创新型卓越工程人才（2017）。张大良从创新创业教育的角度，认为在“新工科”建设中应全面、深入、系统地融入创新创业教育，把发展学生的创新精神、创业意识和创造能力放在突出位置（2017）。

综上所述，新工科是一个现代性概念，是我国社会经济转型发展的产物，是针对当前工程教育供给与经济社会发展需求矛盾和工程学科发展规律的“自觉”反思，为经济社会的发展、科学技术的创新提供智力支持和人才支撑（夏建国，2017）。

1.2 高等工程人才培养新模式

“新工科”赋予了高等工程人才培养模式新的内涵。与传统工科相比，“新工科”强调：（1）学科交叉融合，促进人文教育与工程教育有机结合。“新工科”人才培养需重视学科交叉融合，培养学生的跨界整合能力。在理性认知同时，提升人文素养与价值理性，增强工程伦理道德与社会责任感，促进人文教育与工程教育有机结合；（2）重视工程实践教学，培养创造性解决问题的能力。“新工科”强调实践教学的重要性，旨在实现理论教学与实践教学一体化。课程设置需以工程为中心，突出创新实践课程，重视学生实践能力的培养，使其具有较强的好奇心、协作精神，能创造性地解决工程问题；（3）培养学生掌握自主学习和终身学习的意识、能力和方法，不断更新自己的知识、能力以解决未来各类不确定性问题，适应新知识更迭发展；（4）开展全球化国际视野教育，提升跨文化交流与理解能力。我国正在实施的“一带一路”倡议和“走出去”战略，不仅要求我国“新工科”人才培养具有立足中国特色、服务中国经济社会发展的“家国情怀”，还应具有全球化、世界经济一体化的“国际视野”（刘琳、朱敏，2017）。

1.3 地方高校工程应用型人才培养新特点

结合高等工程人才培养新模式，地方高校的工程应用型人才培养旨在服务地方经济发展。因此，地方高校工程应用型人才培养新特点具体表现在：（1）推进产教融合，构筑多元协同育人机制。“复旦共识”强调地方高校走出校园，积极推动与行业、企业的协同育人，构筑产学合作教育模式；（2）围绕产业进行学科布局，构建良好学科生态；（3）立足实用技术研发，实现教研融合、科教协同。

2. “新工科”建设对大学英语教学的新要求

基于“新工科”背景下高等工程人才培养新模式，结合地方高校特点，大学英语教学模式需要创新，以实现应用型工程人才培养目标。大学英语教学定位应该为高等教育国际化服务，为国家“走出去”战略服务，为培养创新型人才服务（束定芳，2013）。要“培养大批具有国际视野、通晓国际规则、能够参与国际事务和国际竞争的国际化人才”，离不开高质量的大学英语教学以及高水平的英语交际能力（束定芳，2013）。“新工科”背景下，面向工科学生的大学英语教学需改变课程设置结构单一、教学只重语言技能培养的现状，教学需突出人文性、时代性、学术性。在人才培养方面，借鉴戴炜栋和王雪梅（2015）对新形势下外语专业人才培养目标的阐述，笔者认为面向工科学生的大学英语教学应培养学生成为具有良好人文精神、科学素养及跨文化交际与思辨能力的多元复合型国际化工程人才。

为更好地培养具有国际视野、国际交往能力的工程应用型人才，地方高校需要将外语教学与新工科建设有机融合，从教学理念、课程设置、教学方法、师资水平等四方面实现大学英语教学范式的转变。

3. 地方工程类高校英语教学新范式探索

3.1 英语教学新理念

把提升学生跨文化交际与思辨能力作为外语教学的新理念，地方工程类高校需融合国际视野教育，课程思政教育以及实践教学，全面提升工科学生跨文化交际的人文素养。

3.1.1 国际视野教育：立足全球文化高度，提升学生跨文化交际与思辨能力

《国家中长期教育改革和发展规划纲要（ 2010~2020年）》呼吁外语教育应与国际接轨，培养具有创新能力的优秀国际人才。国际视野决定跨文化交往方向与高度，英语教学应站在全球文化的高度，深化英语教学的内涵，有效培养思辨能力，使学生能有效利用外语进行跨文化日常沟通、学术对话，进而达到文明互鉴的最高境界（孙有中，2016）。因此外语教学应转向学生国际视野的培养，注重学生跨文化交际与思辨能力的提升，增强自身的国际交流能力与竞争力。在英语教学实践中，英语教师需：1）引导学生关注跨文化交际行为，同时关注跨文化大众传播与新媒体传播，对不同层面的跨文化现象进行一定的理论思考和

初步研究。如：如何理解语言与文化的关系；什么是跨文化交际/传播、文化身份、跨文化适应等；跨文化冲突如何产生；如何培养跨文化交际能力；什么是全球化；全球化对国别文化会产生什么影响等（孙有中，2016），为工科学生未来参与跨文化交流奠定相应的理论基础。2）兼顾本土文化、目的语文化及世界其他文化知识，鼓励工科学生通过案例分析、小组讨论、研讨会等形式提升对多元文化的理解力，培养批判的自我意识和文化相对意识。如：指导工科学生分析不同文化背景下的不同需求；探讨如何针对不同目标群体进行产品需求的分析与设计；尊重本国文化，同时理解并接纳多元文化所特有的不同态度、行为方式与信仰（Malkinson，2003）。3）以欧洲高水平工程类大学认证体系为标杆，加强与国外高水平工程类大学在人才培养方面的深度合作。为此，可开设多种形式的跨文化交流活动，如：工程教育为主题的暑期学校（Summer School）、工程类学分互认项目、中外工科学生联合工作坊、海外志愿服务项目等，使学生亲身体验多元文化魅力，培养跨文化意识；了解不同国家在商业、技术及文化等领域的发展情况；熟悉不同国家在提供、销售及购买产品与服务方面所具有的商业文化环境；了解不同国家的风俗习惯、法律法规与思维模式等（Riemer，2007）。4）利用互联网与国外高水平工程类大学及企业界就合作项目开展跨文化交流与沟通。如：通过电子邮件、视频媒介或电话沟通等方式探讨有关技术及商业问题，就撰写技术项目报告、技术指南及工程技术问题等实现双向线上互动（Gömleksiz，2007）。5）依托学校优势，邀请海外工程领域学术界、企业界知名人士开展校内讲学，为工科学生营造更浓郁的专业文化氛围（Augusti，2006）。

3.1.2 课程思政教育，强化英语教学中的文化、价值传播

正如习近平总书记在全国高校思想政治工作会议上所强调的：思想政治工作应贯穿教育教学全过程，实现全程育人、全方位育人。“课程思政”教育理念应运而生。“课程思政”着力于将价值观的培育和塑造“基因式”植入课程，将教书育人内涵落实于课堂教学主渠道，将知识传授与价值引领结合起来，真正实现在价值传播中凝聚知识底蕴、在知识传播中强调价值引领，于润物无声中立德树人（高德毅、宗爱东，2017）。

“新工科”背景下，面向工科学生英语课程的思政教育需利用语言教学的交互性、时效性与感召功能提炼出社会主义核心价值、人文精神、工程伦理、科学道德等德育内涵，以英语语言教学为载体，挖掘大学英语课程中蕴含的思想政治教育资源开展育人工作。在英语语言教学中，重视对语言表达中英语国家文化信

息的挖掘、分析与研究，增强工科学生对英语国家文化的敏感性及鉴别能力；同时，加强对中国传统文化的介绍，英语教学中可设置中国传统文化的体验与讲座，通过对比中外文化、习俗、礼仪等提升工科学生对文化差异的理解和包容。英语语言教学在提升人文素养的过程中，应注重价值理性的培养，即：引导学生了解不同文化语境中的价值观，如：了解各国技术发展水平、商业文化环境、产品设计理念与需求、风土人情等，为工科学生进行科学探索，强化其创新能力、职业素养和工匠精神奠定基础。

3.1.3 实践能力培养，主动与行业对接，夯实英语语言交际能力

新工科建设要求高度关注业界实际需求，因此大学英语教学应以社会需求为导向，立足地方区域优势，鼓励工科学生主动与企业、行业对接，强化实践能力，不断夯实语言运用与交际能力，适应行业发展需求。以上海为例，相关高校可以：1）利用上海众多国际会议、博览会及展会集聚优势，鼓励工科学生参与专业相关的翻译实践，如：2018第十三届中国国际轨道交通技术展览会、2018上海国际汽车博览会、2018中国国际进口博览会、2018中国国际教育展、中国国际旅游交易会、2018国际采购博览会等所需的陪同翻译（如：外商逛展、采购翻译、专业技术类翻译）、公司翻译、小型会议翻译等工作，在真实语境中锻炼英语语言的实际交际能力与转换能力。2）利用校企、校校合作平台，探寻高校人才培养与企业人才需求的最佳契合点，创新实践教学模式，鼓励工科学生基于扎实的学科基础，利用良好的英语语言参与更多具有社会价值的项目实践与实习，培养语言能力出众的工程应用型人才。如：参与产学合作雇主单位跨国企业的实用技术研发与实习项目，参与国际学校科学课程的共同教学体验与交流。

3.2 课程设置新结构

以英语教学新理念为引领，开设实用性、时代性、跨学科的全英文课程体系，创新地方工程类高校的英语课程设置。传统工程学科设置存在“学用脱节”的问题。要解决这一问题，必须立足于“新”，要围绕产业链、创新链进行创新变革（王斌等，2018）。王立非等（2015）提出课程设置要处理好通识教育与专业教育、语言技能训练与专业知识传授、选修课程与必修课程、实践（实验）教学与理论教学这四对关系。在“新工科”背景下，首先，大学英语教学的课程设置需增设学术英语课程；其次，需建立较为系统的全英文学位课程体系；再次，面向工科学生的课程需涵盖跨文化、工程与交际等不同学科领域知识。

3.2.1 增设学术英语课程，培养学生的英语学术交流能力

教育部2007年编制的《大学英语教学基本要求》提出大学英语教学改革要“切实提高大学生的专业英语水平和直接使用英语从事科研的能力”。针对目前大部分高校，包括地方高校尚未将学术英语列为必修课程的现状，蔡基刚认为：实现教育部这个应用要求的最佳途径不是通用英语或通识英语，而正是学术英语（蔡基刚，2014）。学术英语是以应用为目的的语言教学，实施学术英语教学的意义在于为我国大学生学习英语找到应用场所。学术英语（EAP）分为通用学术英语（EGAP）和专门学术英语（ESAP）（Jordan，1997）。通用学术英语（简称EGAP）侧重各学科英语中的共性东西，即培养学生在专业学习中所需要的学术英语口语和书面交流能力，如：用英语听讲座、记笔记、查找文献、撰写论文和参加国际会议及学术等（Adam & Artemeva，2002）。专门学术英语（简称ESAP）侧重特定学科（如医学、法学、工程等学科）的语篇体裁以及工作场所需要的英语能力（Bruce，2015）。

为打造学科专业的新结构，地方工程类高校可根据本校学科设置开设如：科技英语、航空（飞行）英语、工程英语、化工专业英语、材料科学与工程专业英语、计算机英语等课程。地方工程类高校可开设工程类学术英语系列课程，如：首先开设通用学术英语，继而过渡到工程类专门学术英语，帮助学生顺利完成由普通英语到专业英语之间的学习（束定芳，2013）。由于每一学科、专业领域均具有其专门的术语，因此在学术英语教学中，英语教师：1）可使用语篇体裁分析法（Genre Analysis）帮助学生总结专门学术英语语篇的规律，提高工科学生对特定语篇的理解力（Swales，1990）；2）运用需求分析（Needs Analysis）原理，通过观摩、调查、采访、场景分析及对采集的工程领域语言范本分析，探索工程学科语言交际中在选词、语法、文本及交际功能等方面的差异（Mahmood，2014），从而为工科学生用英语从事专业学习和学术活动提供语言支撑；3）在材料选编方面，英语教师可根据不同学科选用《经济学人》科技版、《经济学技术》季刊、针对电子电气学生的*Spectrum*月刊、针对机械工程学生的ASME电子出版物、《工程英语》季刊等素材（Porcaro，2013）。通过以上教学方式，让学生尽可能接触真实的英语交际场景，特别是学术交流场景，逐步培养学生真正使用英语进行学术交流的能力，培养学生通过英语获得专业知识、从事跨文化交际及国际学术交流的能力（束定芳，2016）。

3.2.2 完善全英文学位课程体系，服务国际化教育

束定芳指出高等教育国际化最为重要的是课程的国际化，其关键要素就是英语作为教学语言（束定芳，2013）。学校需立足高等教育国际化的高度，将大学

英语教学与用“英语进行公共课教育和专业课教学”有机整合，建设一批用英文开设的学位课程体系，而非孤立的英语教学课程。大学英语教学需要有更明确的目标定位，特色专业高校应该建设一批用英语作为教学语言的特色专业学位课程体系，为中国学生接受国际化高等教育并逐渐提高国际学术交流能力服务。

3.2.3 开发涵盖不同领域的跨学科课程，提升工科学生跨界沟通能力

“新工科”建设要求地方高校围绕产业进行学科布局，可与业界人士共同实施大学英语课程设计与开发，业界根据学科提供相应教学模块与实践内容以完善英语学科生态。M. N. Gömleksiz认为面向工科学生的课程需涵盖跨文化、工程与交际等不同学科、层面的知识，通过全英文语言教学帮助工科学生通过体验真实环境与虚拟场景下的跨文化交流活动，实现未来国际化工作环境中的无障碍沟通与交流（Gömleksiz，2007）。因此，跨学科课程的开发在培养工科学生的英语思维能力及多元文化意识方面发挥着重要作用。

3.3 教学方法新模式

地方工程类高校的英语教学以新理念为引领，在创新课程结构基础上，需采用新的教学方法，即：善用智能新技术，实现移动、协作学习模式。

3.3.1 利用ICT与AR技术，引入U-Learning学习模式

在以互联网、大数据、人工智能等技术为核心的现代信息技术体系的支撑和推动下，现代社会已进入智能化时代。教师在面向工科学生的外语教育教学中需不断更迭、改进教学方式，善用新技术推进数字化教学：1）利用信息传播技术（Information Communication Technology，以下简称ICT技术）促进英语语言学习与教学，帮助学生成为合格的英语语言使用者。研究表明将ICT技术融入英语教学中将有效改进学生的读写能力、提升学生的听说水平，同时促进学生间的合作、创新、独立学习与反思能力（Mahmood，2014）；2）运用增强现实技术（Augmented Reality，以下简称AR技术）实现移动式语言教学。利用工科学生对技术的敏感度，要求工科学生使用智能手机或增强现实APP制作一款校园参观或校园学术设施介绍的视频与片段。学生分组后，任意选取校园某一学院或某学术设施进行较为专业的导游介绍。通过开场陈述、采访、提问、录音等方式对收集的视频、照片进行技术合成，制作出一段实用、生动的校园介绍三维视频（Reinders，2014）。这一活动突破了传统教学的地点限制，学生能够在实际参与和体验中提升英语语言表达能力，从而收获语言应用新技能；3）引入泛在学习（U-Learning）的学习方式，利用其交互性特点，帮助工科学生在从事自主学

习、创新实验、项目工作坊等过程中与教师、同伴等进行同步或异步交互，实现无缝学习模式（赵呈领、赵文君，2018）。开展移动学习、泛在学习模式被认为是未来技术与教学融合的特征之一。

3.3.2 采用PBL教学方式，促进学生探究与协作学习

英语教学实践中可采用以问题为导向（Problem Based Learning，以下简称PBL）的教学。Barrows和Tamblyn（1980）将PBL定义为："PBL倡导把学习设置于复杂的、有意义的问题情境中，让学习者通过合作解决真实性问题，学习隐含于问题背后的科学知识，形成解决问题的技能，培养自主学习、终身学习能力。"与传统教学模式相比，PBL教学模式鼓励学生通过探究、讨论与协作学习等方法，在不断解决真实而复杂问题的过程中自主构建知识框架，强化思辨能力。PBL模式强调语言习得在真实语料和情境下进行。为此，教师需以学科为导向，基于不同学科领域设置不同文化背景、不同语境下的开放式问题与任务，鼓励工科学生通过小组讨论，在协作中激发学生分析、解决问题的热情与兴趣，通过集体头脑风暴形式，寻求问题与任务的多元解决方案。1）开展如：自编技术操作手册、技术流程简介，撰写与技术相关的业务邮件或传真、实验准备报告，相关行业项目洽谈，国际化工作背景下相关技术与业务问题的电话交流等模拟活动（Gömleksiz，2007）；2）以合作型教学策略为主导，开展拼图式教学（Jigsaw）、案例分析（Case Study）、角色扮演（Role Play）等多种形式帮助工科学生学习与专业相关的语言表达与沟通（Bonnet，2000；Burkhardt &Turner，2001），如：面向航空专业学生的英语教学可设置预订机票、更改航班、办理登记手续、航行中、行李提取及入境检查等真实语境相关的问题及对话形式，采用乘务员与乘客、航班播报员、机场工作人员、航空公司介绍等角色扮演的方式组织课堂教学；针对轨道专业学生可设计乘坐火车、地铁等生活情景对话以熟悉搭乘轨道交通所需的日常用语，同时布置编写轨道交通英文操作手册、地铁信息英文播报等活动强化学生对该领域英语语言的应用能力；3）教师可选用技术推介、公司宣传、产品介绍等视频或科教系列可视化资源展示在不同行业、不同文化及语境下如何精准选词、合理表达。此外，为进一步考验学生对语言及其所承载文化的理解与转化，教师在播放视频时可不展示翻译文字，要求学生对信息快速记录，通过获取信息量的多少予以评判。同时，视频中涉及的文化部分可单独作为课堂任务供学生分组讨论与探索，实现英语教学中语言与文化、语言与学科间的紧密结合（Gupta，2013）。

3.4 教育教学新质量

在英语教学理念、课程设置以及教学方法实现创新的基础上，为保证高水准的教育教学质量，需要全面提升英语教师的业务能力及国际化水平。

根据《教育部关于全面提高高等教育质量的若干意见》中提到的“走出去”与“请进来”的政策引导，工科类高校英语教师需要：1）不断提升学术研究及其实践的相关能力，如：熟知学术英语的规范、关注学术英语教学与研究的相关期刊；参加学术英语教学的高端培训、国际会议与论坛等，使英语教师适时把握学术英语教学与研究的国际前沿动态；2）了解工科领域的英语语言范式、语篇特点以及该领域的研究方法；能够指导学生分析工科学术英语的语篇特点及语用规范；鼓励开展基于教学的研究，以研究促进教学，实现从通用英语教学到学术英语教学的转变。此外，学校应：1）积极鼓励外语教师赴海外访学研修、实现教师到学生的国际化发展，实现教学理念到教学实践的国际接轨；2）以实施海外名师项目和学科创新引智计划等为牵引，引进一批国际公认的高水平专家学者和团队，加强学术交流与科研合作，提升外语教师队伍整体国际化水平。

4. 结语

“新工科”建设推动着中国高等工程教育的综合性、系统性改革。地方高校为更好地培养国际化工程应用型人才，需要高质量的大学英语教学范式。本文立足于“新”，详细阐述了大学英语教学新理念、课程设置新结构、教学新方法、教育教学新质量四个方面，对大学英语教学范式转变的可能性进行了具体探讨，希望为大学英语教学模式的改革提供有益参考。作者未来将聚焦工科院校英语教学中的跨文化交际与思辨能力及学术英语教学方面开展实证研究。

参考文献

Adam, C. & Artemeva, N. 2002. *Writing Instruction for Academic Purposes (EAP) Classes: Introducing Second Language Learners to the Academic Community* [M]. New Jersey: Lawrence Erlbaum Associates.

Augusti, G. 2006. Transnational recognition and accreditation of engineering educational programs in Europe: Perspectives in a global framework [J]. *European Journal of Engineering Education* 31(3): 249-260.

Barrows, H. S. & Tamblyn, R. M. 1980. *Problem-Based Learning* [M]. New York: Springer Publishing Company.

Bonnet, C. 2000. The reverence of role playing in environmental education [J]. *Proceedings of the International Union of Biological Sciences Commission for Biological Education: International Symposium on Biological Education IUFM Versailles, Centre de Cergy, France.*

Bruce, I. 2015. *Theory and Concepts of English for Academic Purposes* [M]. Houndmills: Palgrave Macmillan.

Burkhardt, J. & Turner, P. R. 2001. Student teams and jigsaw techniques in an undergraduate CSE project course[J]. *31st Annual Frontiers in Education Conference. Impact on Engineering and Science Education. Conference Proceedings* 2: F3D12-17.

Department for Education. 2012. Michael Gave Speech at the Best Show. Available at: https: //www.gov. uk/government/speeches/michael-gave-speech-at-the-best-show-2012.

Dudley-Evans, T. & M. T. John. 1998. *Developments in English for Specific Purposes* [M]. Cambridge: CUP.

Gömleksiz, M. N. 2007. Effectiveness of cooperative learning (jigsaw ii) method in teaching English as a foreign language to engineering students (Case of Firat University, Turkey)[J]. *European Journal of Engineering Education* 32(5): 613-625.

Gupta, D. 2013. Teaching English to engineering students in India [J]. *Journal of Education and Practice* 4(11): 131-138.

Johns, A. M. 2002. *Genre in the Classroom: Multiple Perspectives*[M]. New Jersey: Lawrence Erlbaum Associates.

Jordan, R. 1997. *English for Academic Purposes*[M]. Cambridge: Cambridge University Press.

Mahmood, S. 2014. Teaching English to engineering students through innovative techniques [J]. *Journal of Education and Practice* 5(8): 192-197.

Malkinson, T. 2003. The Global Engineer: Succeeding Without Boundaries. Available at: http://www.todaysengineer.org/2003/Jun/global.asp.

Porcaro, J. W. 2013. Teaching English for science and technology: An approach for reading with engineering English [J]. *English Teaching Forum* 51(2): 32-39.

Reinders, H. 2014. Implementing mobile language learning with an augmented reality activity [J]. *Modern English Teacher* 23(2): 42-46.

Riemer, M. J. 2007. Intercultural communication considerations in engineering education [J]. *Global Journal of Engineering Education* 11(2): 197-205.

Swales, J. M. 1990. *Genre Analysis: English in Academic and Research Settings* [M]. Cambridge: Cambridge University Press.

蔡基刚. 2014. 从通用英语到学术英语——回归大学英语教学本位[J]. 外语与外语教学(1): 9-14.

戴炜栋、王雪梅. 2015. “文化走出去”背景下的我国外国语言文学学科发展战略[J]. 解放军外国语学院学报38(4): 1-11+159.

高德毅、宗爱东. 2017. 从思政课程到课程思政：从战略高度构建高校思想政治教育课程体系[J]. 中国高等教育(1): 43-46.

教育部. 2010. 国家中长期教育改革与发展规划纲要[Z]. http://www.gov. cn/jrzg/2010-07/29/content_1667143. html.

教育部. 2012. 教育部关于全面提高高等教育质量的若干意见[Z]. http://www.moe.edu.cn/publicfiles/business/htmlfiles/moe //A08_zcwj /201204 /134370. html.

教育部高等教育司. 2007. 大学英语教学基本要求[Z]. 北京: 外语教学与研究出版社.

教育部高等教育司. 2017. “新工科”建设复旦共识[Z]. http://www.moe.gov. cn/s78/A08/moe745/201702/t20170223297122. html.

阚凤云、陈彬. 2017. 新工科：一场工程教育新革命？[N]. 中国科学报(6): 03-14.

刘琳、朱敏. 2017. 高等工程人才培养的范式转变——关于“新工科”深层次变革的思考[J]. 南京理工大学学报30(6): 88-92.

束定芳. 2013. 对接国家发展战略 培养国际化人才——新形势下大学英语教学改革与重新定位思考[J]. 外语学刊(6): 90-96.

束定芳. 2016. 对接新目标，创建新体系，适应新需求[J]. 外语界(2): 2-8.

孙有中. 2016. 外语教育与跨文化能力培养[J]. 中国外语(3): 16-22.

王斌等. 2018. 面向“新工科”大学人才培养的思考[J]. 教育探索(1): 52-55.

王立非等. 2015. 商务英语专业本科教学质量国家标准要点解读[J]. 外语教学与研

究(2): 297-302.

夏建国. 2017. 新工科建设背景下地方高校工程教育改革发展刍议[J]. 高等工程教育研究(3): 15-19.

张大良. 2017. 因时而动 返本开新 建设发展新工科——在工科优势高校新工科建设研讨会上的讲话[J]. 中国大学教学(4): 4-9.

赵呈领、赵文君. 2018. 泛在学习环境中信息交互影响因素模型构建与实证研究[J]. 现代远距离教育(04): 3-10.

钟登华. 2017. 新工科建设的内涵与行动[J]. 高等工程教育研究(5): 1-6.

作者简介：

聂慧，上海工程技术大学外国语学院讲师，研究方向：大学外语教学、跨文化交际。Email: niehui@sues.edu.cn

聂智，上海大学悉尼工商学院英语系讲师，研究方向：跨文化交际。Email: crystal610@shu.edu.cn

大学英语教师信息化教学能力发展初探

刘　宏　北京建筑大学

【摘　要】我国大学英语教师队伍庞大，整体专业发展仍有较大提升空间。面对飞速发展的现代教育技术，大学英语教师的发展问题，尤其是信息化教学能力问题亟待提高。本文从最近15年的大学英语信息化教学改革角度出发，分析大学英语教师在教育现代化条件下面临的机遇和挑战，努力挖掘促进我国大学英语教师信息化教学能力提升的内在和外在发展环境，提出促进大学英语教师信息化教学能力提升的对策，建议设立针对性强的国家大学英语教师教育数字教科研资源平台，基层院校创建大学英语教师发展信息技术实训基地，多部门协同发展，统筹推进和加强教师个人信息化教学和科研实践探索，从而进一步提高信息化时代的大学英语教学改革成效。

【关键词】大学英语教改；信息化发展；教师发展；信息化教学能力

1. 引言

2018年1月20日中共中央和国务院印发《关于全面深化新时代教师队伍建设改革的意见》，这是新中国成立以来第一次以党中央名义专门印发加强教师队伍建设的文件，由此可见，国家对信息时代教育发展的重视和对教师关键作用的深刻认识。

时代的进步与技术的发展要求教师提升综合素质和能力，对教师提出了很高的要求和挑战。对于我国的大学英语教师来说，面对高速发展的现代化教育技术在大学英语课堂的广泛应用，作为日常教学的实施者和教育改革践行者的一线教师的发展越发引起广大专家学者的关注。国内外教师教育与发展的文献研究大都是从传统的专业技能发展和教学科研能力提升的角度出发，对时代背景下的信息素养的提升虽有关注，但大多研究不够深入。本文主要采用参与性观察和反思的形式，试图从一线大学英语教师的校本发展环境和阶段角度，对我国大学英语教师发展进行描述性分析研究，尝试提出对策思路。

2. 文献简述

教师教育与发展一直是教育界研究的热门话题之一，国内外教师教育与发展理论研究广度和深度随着研究者的不懈努力在逐渐提升，尤其是我国高等师范的高素质研究队伍取得了丰硕成果。

21世纪以来，我国外语界的专家学者也越来越重视外语教师教育与发展。2005年首届全国外语教师教育与发展学术研讨会在北京召开，此后相关理论研究和实证研究数量增加明显，如外语教师专业发展内涵、需求和现状（贾爱武，2005；周燕，2005；吴一安，2008；戴炜栋、王雪梅，2011；蒋玉梅，2012）；外语教师教育研究方法和发展模式/途径（张莲，2008；周燕，2008；孙炬，2009；文秋芳、任庆梅，2011；杨维嘉，2016；王守仁，2017）；优秀高校英语教师专业素质和成长（吴一安，2008；顾佩娅，2008；徐锦芬等，2014；展素贤、闫丽华，2015）及外语教师信息素养专业发展（华夏，2017；陆凯，2018；聂文苗，2019）等。这些研究说明“外语教师研究已成为外语教学研究最重要的方向”（吴宗杰、黄爱凤，2005），高校英语师资队伍建设取得了一定的成绩，总体向积极方向发展，但同时也看到我国外语教师教育与专业发展研究正处于由起步阶段向发展阶段过渡，对人数众多的具有中国特色的“本土化”大学英语教师的研究还不够成熟，尚未形成一种持续稳定增长的研究态势，在研究内容和质量上均存在很大的提升空间，依然需要更深入的系统理论支持和整体战略指导。

3. 大学英语教改的信息化发展阶段

自2003年教育部启动大学英语教学改革试点以来，全国各高校逐渐分批次开展现代外语教育信息化转型，信息技术在大学英语教学的应用主要经历了三个发展阶段。

3.1 信息技术辅助教学阶段

此阶段主要是在全国范围内推广使用“电脑+投影”代替传统的“黑板+粉笔”，利用计算机多媒体功能，将知识表达形象生动化，借助Powerpoint中的图片、音频、动画等形式辅助教师呈现教学中的重点和难点，提供多种感官的综合刺激，激发学生学习兴趣，进一步提高授课效果和效率。

但此阶段只是进行了外部环境的改变，课堂教学大多仍以教师讲解说明为主，信息技术应用为辅，学生的自主学习意识并没有被有效调动起来，教学的效果也没有较为明显的改善。授课大多还是任课教师播放演示课件为主的展示性教学，计算机的使用并没有从根本上改变教学内容和教学方式，信息技术依然只是教师课内教学的辅助工具。

3.2 信息技术辅助学习阶段

随着教育信息技术和教育理念的进一步发展，越来越多的教师在实践中尝试由“如何教”逐渐转向教会学生“如何学”。信息技术用来辅助学生学习大学英语，教师通过邮件、QQ、微信和配套学习平台等方式督导学生养成良好的自主学习习惯，推荐优质的英语学习软件、慕课、微课、网络学堂等在线课程，引导学生将课内学习延伸到课外活动中，让学生学会借助网上资源完成教师要求的学习活动。

这个阶段的学习过程和方法，因信息技术的扩展而发生了较为明显的变化，由“以教师为中心”向“以学生为中心”过渡，师生之间的交流互动比前一阶段有所增加，学习资源和学习渠道更加开放和丰富。但大学英语作为公共课，学生水平参差不齐，教师自主性较弱，教师教学依然处在一个相对闭合环境下，借助出版社提供的数字课程（如外研社的U校园和外教社的随行课堂）或相关技术公司开发的在线平台（如批改网的智能写作评阅等）去连接和扩充大学英语课程的教与学，很难实现教学的个性化和多样化，信息技术仅仅只是为学生的英语学习提供较充裕的非线性超文本环境。

3.3 信息技术与课程融合阶段

目前，教育部门印发《国家教育事业发展“十三五”规划》和《教育信息化“十三五”规划》等，提倡推广普及网络学习空间应用，深度整合创新信息技术与教育，构建“互联网+教育”的智慧教育新生态。因此，现代信息技术可用作课程信息化的工具，教师作为课程的设计者和开发者，深入掌握整个教学过程的技术，对“教学对象、教学目标、教学计划、教学策略、教学评价”进行系统地精心设计，统筹规划，使各要素间相辅相成，产生切实可行的整体效应，启迪学生思考，激发学生潜能，提高综合素质。

本阶段不再是简单地借用已开发的计算机应用和网络平台，而是在人工智能网络技术环境下，结合本校学情进行创造性地二次深度开发，自主重构信息技术与大学英语课程的整合，创建具有本校特色的大学英语课程资源库、教学平台和学习网站等智能课堂，方便教师进行备课、授课、答疑、测试和教学管理等。通过提高教师的智能化教学质量和数字化考试效率以及网络化管理水平，最终形成具有学校本土特色的个性化有机整体，促进教学结构和学习方式的转变。

我国教育资源和师资不均，各高校存在较大差异和发展不平衡现象，仍会有一小部分高校的大学英语教育信息技术应用依然停留在第一阶段，相当数量的高校处在第二阶段，只有极少数师生整体综合素质较高、软硬件设备条件充分的高校进入了大学英语课程信息化的第三阶段，还有一部分院校正处在从第二阶段向第三阶段过渡的过程中。

4. 大学英语教改信息化进程对大学英语教师发展的影响

不管各高校的差异如何，大学英语教学改革正在《大学英语教学指南》的要求下发生新的转变，教育信息化的发展，对一线从事大学英语授课的教师会产生积极或消极的影响，因此分析和利用这些因素会有助于教师的长远发展。

4.1 信息化教改对大学英语教师提供了发展机遇

大学英语教师在经历一定时间的信息化教学实践后，会产生一定的困惑和思考，激发不同的发展需求和愿望，去探究更深层次的问题，有利于推动教科研的进步和教师发展，以直接或间接的形式对信息化大学英语教学产生正向的推动作用。

智能网络有助于教师随时掌控学生的学习动态，PC端与移动端等多终端生成的大数据也方便教师进行教学的多维评价分析，为教师开展项目探究式教学研究提供有力支持，有助于教师深入研究和积极探索智慧教学的新途径，提升教师科研力和创新力。

4.2 信息化发展的速度也使大学英语教师面临巨大挑战

在信息时代，现代化的网络技术既可能是激发创造性的积极因素，也可能是使人不知所措的消极因素。学生可获得信息的渠道增多，教师不再是唯一的知识来源。如果大学英语教师对新技术不熟悉不了解，无法满足现代科技的快速发展，或是自我专业发展意识不强，自我发展能力较弱，就会产生强烈的无助感，工作积极性会大大挫伤。

现代教育技术培训存在不足。部分高校为大学英语教师的专业化发展采取了一些现代化的方式和措施，如提供有关现代技术教育培训，但大多都是简单介绍和讲解，过于注重新技术的形式普及，缺乏系统连贯的结合大学英语学科的有效培训，教育理论与教学实践存在脱节，造成部分大学英语教师对自身的专业发展产生迷茫。

同样，在大学英语信息化教学实践过程中，很多是依托外包或购买的在线平台，很多统计维度和指标体系的搭建没有考虑教师的实际需求，缺乏教学活动开展的合理性，更没有与大学英语自身学科的深度融合，网络课程实效性较低，致使有些教师出现无奈、沮丧等心理感受，这对教师的专业发展是不利的。

5. 大学英语教师信息化教学能力发展的对策建议

教师发展不仅是教师个人的追求，其社会属性决定了教师所处的社会环境及此环境能提供的发展条件也会对教师发展产生重要影响。教育部2018年4月启动《教育信息化2.0行动计划》，从国家层面长远布局，统筹规划我国现代教育发展方向。面对不断发展的大学英语教改信息化进程，提升大学英语教师队伍的信息化教学能力可从以下四个方面考虑。

5.1 提议设立国家大学英语教师教育数字教科研资源平台

尽管我国教育行政部门已经为教师教育和发展做出一定的努力，但我国大学英语教师队伍庞大，地区发展不均衡，而且大学英语学科独特，总体上依然不能满足教师专业发展的现实需要，因此迫切需要设立一个政府层面支持的，能够覆盖全国的，互通共享的，专门针对大学英语教师发展的在线学习数字资源平台。通过教育信息化手段，积极利用移动互联网、云计算、大数据、智能设备等新技术，遴选、共享最优质的教学资源、在线课程、典型课例和优秀教学成果等，惠及更多的大学英语教师，逐步缩小城乡、区域数字差距，促进教育信息化“十三五”规划的“处处能学，时时可学”的目标实现。

首先，从制度政策和财政经费上给予大力支持，从管理上明确大学英语教师发展的培养目标、指导方针和评价体系，规范在线研修学习的大学英语教师选拔标准和考核要求，为我国数量众多的大学英语教师职后发展和持续成长提供保障。

其次，利用网络智能技术创新培养方式和手段，改变重普及现代教育技术推广、轻外语学科融合实践的现状，依据大学英语教学信息化和大学英语教师队伍的整体特点，除了传统的在线教师教育和技术培训以外，还可以提供目标明确、针对性强的现代教育技术应用实践精品的孵化和信息化教学重点教科研项目的扶持，促进大学英语教师终身学习，保障教师持续发展，从而打造一支高素质的大学英语教师队伍。

5.2 扩大视野，加强交流与合作，多部门协同发展，统筹推进

教师发展是个体教师与情境交互作用的结果（Kelchtermans，2004）。教师教学信息化能力提升是一个不断持续的发展过程，是在不断使用信息化教学资源的实践中动态提升的，在学中做，在做中学。学校教务处、教师教学发展中心和现代教育技术中心等相关部门都可以通过共建专业性较强的信息化教学资源平台，帮助和推动教师的进一步发展。教师教学发展中心承担着教师教学技能培训的任务，教务处是高校中管理教师教学和学生学习的主要职能部门，现代教育技术中心承担着整个学校的信息化建设，具有良好的硬件资源和专业人员。

因此，教师教学信息化能力提升是一项复杂性较高的系统工程，需要科学的顶层设计，倡导基层院校成立以校长为首的教师信息素养培训机构推进工作，充分加强校内相关部门的密切合作与交流，充分吸纳教师教育专家、教育技术人员和一线教师代表，创建和谐良好、积极向上的专业团队，来共同推进教师的现代化信息教育技术水平发展。

教师教育专家具有深厚的理论功底，对于教师的核心素养和能力结构这些关键问题具有深入的理解，对于信息化教学资源的内容体系构建具有重要的指导意义。教育技术专业人员可以帮助提供丰富的信息化教学资源，而且能够给予关键技术的支持。一线教师是信息化教学资源的使用者和参与者，应该认真听取他们对信息化教学资源的需求与意见，这样才能真正保证信息化教学资源应用的实效性。

5.3 倡导基层院校创设大学英语教师发展信息技术实训基地

大学英语教师专业化发展离不开学校的培养与支持，教师信息化教学能力的

培养和各高校领导重视程度也密切相关。

在培养教师信息素养、提升教师发展的过程中，高校首先应充分认识大学英语课程的特点和大学英语教师群体的独特性，进行本单位教师发展需求和目标调研，并据此统筹本单位不同阶段的教师发展规划，提供丰富的资源和渠道，争取充足的专项建设基金，创设技术支持的新型学习共同体，建立有本校特色的大学英语教师发展信息技术实训基地。

支持自主和合作学习，采取线上线下相结合的个性化研修，为教师提供多样化的发展机会，除了自上而下的由行政管理部门组织实施的计划性的分期分批教师培训模式之外，基层高校还可以尝试由下而上的自发组队模式，根据教师的研究方向和教学专长自愿搭建团队，进行思维碰撞，激发更新的灵感。

大学英语教师可通过教师发展信息技术实训基地整合新技术手段，在相关专业人员的指导培训、同伴互助协作及个人努力下，模拟网络智能教学，进行信息技术与大学英语数字化课程有效融合的实验研究，研究新技术条件下教育教学规律，借助大数据分析探索更丰富更优质的教学改革和科研活动，推动教师从技术应用向素质能力拓展。

5.4 大学英语教师应不断提升计算机信息素养，探索现代教学模式

在计算机多媒体技术和网络技术的教学环境下，教师是新技术运用的关键要素，是推动教育信息化建设的重要力量。不断出现的新教学理念和教学模式要求大学英语教师除了要具备过硬的专业知识及课堂组织能力外，还须熟悉现代技术教育理念，掌握多媒体设备的操作使用和网络知识，帮助学生增强自主学习意识，培养良好的学习习惯。

大学英语教师要顺应时代发展，积极采取自我创造和自我设计的专业发展行动，把个人发展与组织发展相结合，面对信息化教学环境，须不断更新和改造自己的知识，不停地尝试和实践现代教育技术。通过书本、课堂和培训等方式进行不断学习，利用在线平台和数字课程来提升自己的现代教育技术应用水平，融合网络学习空间创新教学模式、学习模式、教研模式，以信息技能作为提高教学质量和支持终身学习的必要手段。

6. 结语

飞速发展的信息时代，知识和讯息更新频繁，“优秀的教师与先进的网络技术相结合是现代教育发展的趋势”（王守仁、王海啸，2011）。面对信息化发展阶段下我国庞大的大学英语教师队伍面临的机遇与挑战，需要进一步提升现代教育技术水平和信息化教学能力，教育行政主管部门、基层院校管理部门和大学英语教师本人需要共同努力，才能推动大学英语教师队伍信息素质的提高和信息化教学能力的提升。

参考文献

Kelchtermans, G. 2004. CPD for professional renewal: Moving beyond knowledge for practice [A]. In C. Day & J. Sachs (eds). *International Handbook on the Continuing Professional Development of Teachers* [C]. Maidenhead: Open University Press. 217-237.

戴炜栋、王雪梅. 2011. 信息化环境中外语教师专业发展的内涵与路径研究[J]. 外语电化教学(6): 8-13.

顾佩娅. 2008. 解析优秀外语教师认知过程与专业成长[J]. 外语研究(3). 39-45.

华夏. 2017. 人文视角下的教师信息素养专业发展的思考[J]. 现代教学(1): 11-13.

黄焕、康翠萍、张琴. 2018. 问题与策略：面向高校教师教学发展的信息化教学资源建设[J]. 中国教育信息化(19): 30-34.

贾爱武. 2005. 外语教师的专业地位及其专业发展内涵[J]. 外语与外语教学(4): 7-59.

蒋玉梅. 2012. 大学英语教师的职业发展现状及影响因素分析[J]. 中国外语(4): 19-26.

陆凯. 2018. 我国外语教师信息素养发展相关研究述评[J]. 中国教育信息化(6): 63-66.

聂文苗. 2019. 基于网络爬虫的教师信息技术能力提升研究[J]. 中国教育信息化(4): 71-73.

孙炬. 2009. 高校外语教师专业发展的路径——以自己为资源[J]. 山东外语教学(4): 32-35.

王守仁、王海啸. 2011. 我国高校大学英语教学现状调查及大学英语教学改革与发

展方向 [J]. 中国外语(05): 4-11, 17.

王守仁. 2017. 高校外语教师发展的促进方式与途径[J]. 外语教学理论与实践(02): 1-4.

文秋芳、任庆梅. 2011. 大学外语教师互动发展新模式下一线教师的专业成长[J]. 中国外语教育: (01): 22-24.

吴一安. 2008. 外语教师专业发展探究[J]. 外语研究(3): 29-38.

吴宗杰、黄爱凤. 2005. 外语课程与教师发展[M]. 合肥: 安徽教育出版社.

徐锦芬、程相连、秦凯利. 2014. 优秀高校英语教师专业成长的叙事研究——基于教师个人实践知识的探索[J]. 外语与外语教学(6): 1-6.

杨维嘉. 2016. 教学学术：高校外语教师实践性知识发展的重要途径[J]. 外语教学理论与实践(4): 44-49.

展素贤、闫丽华. 2015. 基于学生视角的高校优秀英语教师素质研究[J]. 山东外语教学(2): 42-48.

张莲. 2008. 外语教师教育研究方法：回顾与展望[J]. 外语教学理论与实践(3): 48-54.

周燕. 2005. 高校英语教师发展需求调查与研究[J]. 外语教学与研究(3): 206-210.

周燕. 2008. 中国高校英语教师发展模式研究[J]. 外语教学理论与实践(3): 40-47.

作者简介：

刘宏，讲师，研究方向：英语教育和教师发展。Email: liuhong@bucea.edu.cn

【基金】北京建筑大学校教研基金“我校大学英语教师专业发展现状的研究与探索”阶段性成果，编号Y1342。

教学研究

学术英语写作教学中的文件夹应用研究

邹 斌 李 卉 曲丽洁 刘泽茜 西交利物浦大学

【摘 要】本文探讨了文件夹在学术英语写作过程中的作用与影响。研究方法包括问卷调查和深度访谈，研究对象是国内一所大学学习学术英语的85名学生。研究结果显示文件夹在诸多方面对学生的学术写作提供了有效帮助，包括帮助学生梳理网络文献资源，撰写高质量的文献综述，熟悉规范的文献引用系统，设计合理的问卷，以及通过对表格数据的分析展示研究结果。同时，学生希望教师能更具体地指出如何在文献综述中发现前期研究成果的不足，也希望老师给予综合反馈的同时能给予更多的一对一指导。

【关键词】学术英语；写作；文件夹

1. 引言

如何提高英语学术写作能力对于大多数大学生来说始终是一个挑战。教师往往会采用多种策略和方法帮助学生提高写作能力。其中，文件夹（portfolio），即将一个大任务（如：长篇作文）分割成若干小的任务，是分解写作过程的方法之一。Hamp-Lyons和Condon（2000）指出，文件夹是学习者多个写作作品的集合，这种方法强调在写作教学过程中以学习者为中心，通过教师的不断帮助及师生之间的交流和协商，让学习者重新构建文章，从而达到提高写作水平的目的，这种改变对学习者有很大的益处。Kathpalia和Heah（2008）认为文件夹可以引导学生提高他们对学习过程的深度理解，并且提高学生在语言、认知、社会和情感表达等方面的交际能力。同时，多个文件夹可以帮助老师评估学生的英语学术写作，从而有益于教学方法的不断发展，而不只是成为学术写作训练的副产品（Katznelson，Perpignan & Rubin，2001）。Ferris和Hedgcock（2005）也提出了相似的观点，即过程导向的写作训练，目的在于教会学生去解决问题，在写作中产生和表达观点、润色文章。

因此，文件夹在英语写作教学中尤其是学术英语写作教学中的应用非常值得深入探讨。本研究在一所国内大学展开，这所大学为大一和大二年级的学生设置了学术英语（EAP）课程，目的是让他们具备在将来用英语进行学业学习的能力。大二年级的学生每个学期都会被要求写一篇 1000 到 2000 字的学术调查报告。老师会布置3到4个文件夹任务来帮助学生完成整个报告，包括文献综述撰写、研究问题设计、调查实施和结果分析。针对每个不同的文件夹任务，老师会给予即时的反馈（feedback），学生随之进行相应的修改，在学期末完成一篇符合学术规范的学术调查报告。本研究的目的是通过讨论文件夹的一些实例，深入探索文件夹在帮助学生完成学术英语论文写作方面的作用。

2. 文献综述

2.1 学术英语写作

由于目的、主题和使用环境等因素的不同，英语被分成很多类别，其中学术英语代表了一种高级形式的英语（Scarcella，2003）。学术英语旨在帮助学生提高学术学习技巧，这是英语系统里关于特定语言因素在学术方面的一个分支，也经常被用于专业和特别的语境（Halliday & Hasan，1989）。在中国大学英语教学中，学术英语得到国内众多专家的认可。例如，王守仁、王海啸（2011）强调，大学英语教学应该根据学校和学科特色，对英语水平高的学生可以考虑教授学术英语。王守仁、姚成贺（2013）指出，学术英语也应该被重视起来，应该进行相关教学研究，推动学术英语教学的发展。文秋芳（2014）也提出学术英语应该与通用英语在大学英语教学中并存的观点。学术英语教学可以丰富大学英语教学课程体系建设，满足学生不同的需求（王文宇、王海啸、陈桦，2018）。蔡基刚（2015）则建议把学术英语教学放置在大学英语教学的首要地位，因为学术英语不仅重视学术英语技能，还重视批判性思维的培养。而学术英语写作是学术英语教学中的一个重要组成部分，能够体现批判性思维的培养过程。学术英语写作注重培养学生写作技能，是评估学生对于知识的掌控和理解以及进展状况的重要方法（Hyland，2006）。Jordan（2016）认为学术写作中应重视过程教学方法，即以学生为中心，通过讨论、写草稿、反馈、修改，最终提高文章的目的，而反馈在这个过程中是最重要的部分。此外，学术英语写作培训可以帮助学生学会撰写符合国际标准的报告和学术论文，以及学会如何正确收集数据和引用文献，并有效防范学术剽窃（邹斌，2015）。然而很多中国学生因不了解学术剽窃而容易犯错，不会在写作中引用文献，并缺乏对学术剽窃的认知和防范（Shi，2004；Zhang，2014）。因此教师有责任教授给学生如何撰写文献综述及避免抄袭，这也是中国学生需要加强训练的技能（Sun，2008）。但在通常的英语写作教学中，教师有时无法教授学生专业的学术写作技能，例如如何正确引用文献，对研究目的的批判性思维和学科价值有时也会被忽略（Schleppegrell，2001）。这些困难有时让教师无从下手，因为面临的问题太多，无法一下将学生全部教会，因此，需要通过一个过程逐渐教会学生这些技能。而学生在学术英语写作中的这些困难与问题，可以在文件夹教学实践过程中逐步得到解决。因为学术英语写作重视写作的过程和标准（Spack，1988；Jordan，2016），而文件夹教学就是重视写作过程（process-oriented），可以一步步帮助学生完成一篇学术写作，因此文件夹在学术英语写作教学中应用广泛（Lam，2018）。

2.2 文件夹任务（Portfolio task）

写作教学中的文件夹可以分为三类，一类是过程性文件夹（progress portfolio），强调的是学生在某一阶段，通过师生间的沟通反馈和自我反思以及自我提高而完成的一系列文章；第二类是展示语言习得者所付出努力的文件夹（working portfolio），可以包含他们某一阶段完成以及未完成的所有作品；第三类是展柜文件夹（showcase portfolio），是学生某一阶段最优秀的作品集合（Lam，2018）。本文中所指的文件夹为第一种，即过程性文件夹。数位研究者都曾阐释过这一概念：学生为了写出一篇好的作文，在一段时间里有目的、系统地集合写作过程中的一些小段内容，然后通过老师与同伴的指导和沟通，不断修改和提高，使学生在这一过程中不断反思和自我修正和评估，最终完成一篇较长的好文章（Wolf，1989；Moya & O’Malley，1994；Hamp-Lyons & Condon，2000；Lam，2018）。文件夹在学术写作中的应用是一个历时过程，在此过程中，学生可以不断地修改、反思和提高写作技能，因其自我评价和同学互评的特点，从而也提高了学生的自主学习能力（autonomy）、学习动机和自信（Lam，2018）。许多学者探讨了文件夹在帮助学生提高写作技能方面的作用。例如，De Fina（1992）将文件夹解释为一种科学的、重要的以及目标导向型的、不同领域的学生成果集合，它能够使学习者简化文章中烦琐的过程，以及开发合适的学术读写能力。Nunes（2004）给出了一些关于文件夹用法的建议。首先，作为一个可选择的评估计划的一部分，它们可以记录学生的思考、工作过程和步骤。其次，文件夹可以对学生的学习进程进行归纳。再者，有些教师用它作为加强学生精简反馈的一种方法。事实上，文件夹包含了不同种类的写作任务，例如，文件夹可以帮助学生收集整理文献知识，以及建立和精通新的学术和专业知识，比如通过图书馆和网络来查找相关信息和清晰明确的表述信息（Banfi，2003）。这样可以把主题与思考结合起来，并加强了学科的认知和习惯用法。因此，正如 Finch（2001）所说，文件夹可以反映学生的学习进程，而后促进其自主学习和自我评估。文件夹还可以帮助学生完成既定目标，可以使学生完成任务变得更加容易，同时也向教师提供机会去帮助学生完善他们的文章（Wolf，1989; Moya & O'Malley，1994; Calfee & Gearhart，1998）。就这一点而言，De Fina（1992）强调:"文件夹应当保持不间断，以便展示学生在一段时间内的努力、进展和取得的成果。"此外，Nunes（2004）阐述了两个文件夹发展的原则，第一个是它应当是双向的而且能够促进师生间的交流，而反馈是其中最重要的方法之一。Brindley和Ross（2001）也认为老师和学生都可以给文件夹提供反馈。Moya和O'Malley（1994）也提出老师给学生的文件夹任务提供反馈是很重要的，因为这对他们的学习进程有帮助。第二个原则是它应当记录学习者的反思性思维（Nunes，2004），因为文件夹能够对反思性思维的重要技巧的发展做出贡献（Barton & Collins，1993）。此外，文件夹还可以丰富学生的学习机会（Davis & Jordan，2015）。

中国学者也发现文件夹可以对学生的写作水平提供帮助（如边克攀，2010）。李清华（2010）对英语专业的学生进行了一项调查，通过运用文件夹，让学生多次修改自己的作文并让学生之间相互修改，同时反思写作过程，学期末上交最满意的最终修改稿。这个不断修改文章的写作过程帮助学生提高了写作的准确度和条理性，因此学生在写作过程中对运用文件夹也产生了兴趣，因为文件夹促进了他们的写作策略以及师生及学生之间的交流（李清华，2016）。同样，伊迎（2010）在对医学院学生的调查中也发现在运用文件夹过程中，学生经过不断地修改提高了作文的准确性和流畅性。

综上所述，可以看出文件夹是一个学生通过一段时间、不同目的、各类小段的写作任务集合，如在网上搜集相关文献、撰写文献综述、分析数据等，并通过老师和学生以及学生之间的交流和反馈，不断自我反思和修正，逐渐完成一篇质量较高的文章。因此采用文件夹任务可以弥补学生在学术写作训练中的不足以及在学术写作中碰到的困难。然而，尽管文件夹是一个有效地帮助英语学习者提高写作技巧的工具，在中国深度调查文件夹在学术英语（EAP）写作教学的研究却很少，以上国内相关研究除了不断地修改文章，也没有给出其他一些种类的文件夹任务，以及学生对不同文件夹任务（portfolio tasks）看法的深度讨论。国外学者提到的文件夹可以帮助学生学会运用图书馆和网络收集文献及培养学术专业知识在国内研究中也很少提及。因此，本项研究将会调查文件夹在国内一所大学学术英语写作教学方面的应用，而在本研究中也包含了不同的文件夹任务，包括收集图书馆和网络资料、写文献综述、设计调查问卷和分析数据等过程，以及培养学生的学术专业知识，继而提供一些可行的建议去完善现有的文件夹任务教学方法。

3. 研究设计

3.1 研究问题

本次研究提出了如下两个研究问题:

1）哪些文件夹任务可以帮助学生完成长篇写作?

2）学生对于不同的文件夹任务的评价如何?

3.2 研究对象和研究方法

本次研究在国内一所大学的大二商务学术英语专业的学生中进行，采用定量和定性方法相结合，既看整体概况，又深入进行质和个体的分析。定量方法采用问卷调查的方式，给参与的学生发放调查问卷，调查和分析学生对文件夹作用的基本看法和评价以及学习过程的感受和学习效果。问卷由30道问题组成，问题包括学生对文件夹在帮助他们写作方面的整体印象，以及每个具体文件夹的作用，还有对老师反馈的评价。共有85名学生参与并完成了问卷调查，他们来自于会计、金融、工商管理以及经济等专业，包括25名男生和60名女生，年龄在20到22岁之间。

定性的方法采用半结构式深度访谈，旨在深入了解运用文件夹的效果和不足。为了收集更细致的回答，调查者从问卷反馈表示愿意参加访谈的学生中选择了20人进行半结构式个人访谈，深入了解文件夹任务对学生写作的效果。深度访谈环节的问题侧重探究学生对每一个文件夹任务的具体评价及其原因，并举出例子，每个文件夹的难易度及其原因，同时也涉及了他们在完成每个文件夹任务时遇到过的困难或者问题。每个被采访者都被编号，例如S1、S2、S3等。调查结果根据问卷和访谈的数据被按照四个文件夹任务进行分类和分析。

3.3 研究材料

在本研究过程中，学生们需要写一篇2000字的学术报告去评估一个公司的企业社会责任政策（Corporation Social Responsibility—CSR）。如果让学生直接就写出一篇长文章，学生显然不一定能写得好。因此本研究中老师设计了四项文件夹任务来帮助学生分阶段完成这篇报告：1）撰写文献综述；2）确定研究的问题和研究方法；3）实施调查；4）得出结论并用表格进行分析描述。这几个文件夹分别设定了截止日期，目的是帮助学生将整个报告分割成几个相关的小部分，这样可以很好地减少学生的压力并通过几个阶段过程帮助他们完成整篇文章。这几个文件夹相辅相成，一步一步地帮助学生完成整篇报告。这也是一个常用的研究过程，即先从读文献开始并找出前期文献的不足，再确定自己的研究方向和问题，并设计研究方法，然后收集和分析数据，最后完成报告。

4. 结果

从总体上来讲，学生普遍认同四个文件夹的作用。他们认为这些文件夹把一个较长的报告（2000字）分成几个小的部分，从而更好地构建整篇文章。通过完成这些小的任务，使他们逐步完成整个报告，让一个复杂的过程变得较为容易，这也减轻了他们的压力和负担。在这个学习过程中，他们也学会了如何控制时间，并通过不断地自我反思和教师的反馈，不断修改他们的报告，完善他们最终专业的、符合国际标准的学术报告。本文按照四个不同的文件夹进行详细分析。

4.1 第一个文件夹：撰写文献综述

在第一个文件夹中，学生需要花费两周时间来撰写文献综述。这需要包含某个公司的背景信息、主要的企业社会责任政策（CSR）以及在中国实行的相关政策。老师向学生说明如何查找文献、如何写文献综述并且提供范例来帮助学生完成文献综述任务。最后，老师对学生的文献综述提出指导意见。问卷调查中学生对第一个文件夹的5个方面进行评价。结果显示，82%的受访者赞成或非常赞成第一个文件夹可以帮助他们完成高质量并符合国际标准的文献综述。具体地说，69%的学生表明讲义中的文献综述例子对他们有用，19%的学生则认为这非常有用。相对而言，同样有12%的学生认为例子对他们没有什么帮助，这可能是由于部分学生对于文献综述还有其框架和内容并不是很熟悉的缘故。因此，单独一个例子可能对一些学生写文献综述并没有足够的指导意义，他们需要更多的例子。此外，大部分的学生（91%）认为文献综述帮助他们找到了关于企业社会责任的理论。例如，许多学生收集了关于CSR的背景和标准、所选公司的CSR策略以及在中国的CSR策略。此外，根据调查结果显示，学生们都在使用大学里的电子图书馆来查询学术或非学术方面的资源，其中一些学生也通过必应、福布斯和金融时报等网站来查询相应的资料。因此，学生们对CSR和他们论文中研究的目标公司更加熟悉，也对主题有了更深的理解，这些都对他们的论文写作有很大的帮助。结果还显示，90%的受访者认为，由于讲义中有文本引用和参考文献列表的详细格式和例子，他们可以写出符合国际参考系统标准的文本引用和参考文献列表。另外，教师不仅在课堂上教授学生如何写文献综述以及如何在文章中规范地引用文献，同时对学生的文献综述给予反馈，指出他们的不足，帮助学生撰写标准的文献综述，其目的不仅是符合国际标准，也是为了防止剽窃和抄袭。此外，问卷中学生对于四个文件夹的重要性的认知也进行了调查，结果显示大多数学生认为第一个文件夹是最为重要的。

在深度访谈中，学生的评价与问卷调查的结果基本相同，也赞成第一个文件夹为他们提供了很好的帮助，并给出了详细的解释。例如在采访中，S3认为第一个文件夹可以教会他们如何收集到有用的相关信息，如公司的背景及相关理论，这对他们后面的写作是很有帮助的，是后面几个部分的基础。S6同意该观点并指出，相关的理论可以帮助他们写好报告。S8也提到文献综述写得好可以使文章更吸引人。S5则强调说，这是他们第一次写这样的学术论文，没有这一项内容的帮助，他们可能无法写出合格的报告。而且该任务提高了他们查找文献的能力。如果没有文献综述这一部分，他们就找不到相关背景知识以及前期研究的不足，也不会知道重点写什么（S9、S10）。此外，77%的受访者提到教师的反馈对于他们写好文献综述很有作用。如S11提到，教师给他的反馈很有帮助，使他进一步提高了文献写作的能力。这个结果表明在第一个文件夹中范例的指导和老师的反馈对于学生写好文献综述是很有效的。另外，在访谈中学生也强调了其重要性，如S5说道：“我认为第一个文件夹是最为重要的，因为我们可以通过这个过程了解到公司的背景信息和CSR，这对下面的任务都有影响，而且会对之后的写作给予提示。”这一结果印证了问卷调查的结果。

除此之外，本研究调查了四个文件夹的难易程度。在问卷调查里，接近80%的受访者认同第一个文件夹是最为困难的任务。在访谈中学生给出以下几个理由。首先，文献综述对于大二学生来说是一个很少接触并且比较陌生的部分，因此他们对这一部分的结构和内容都不甚了解。其次，这项任务要求学生们查阅大量的文献和网上资源，这需要很多时间。第三，由于现阶段已经存在了相对完善的CSR理论，学生很难发现前期文献的不足。结果显示超过70%的受访者承认他们在文献综述中很难去发现前期文献的不足（gap）。学生们也很难学会用一种客观、公正、精确的观点来写文章。对于那些成功找到gap的学生，他们找到的gap往往是其他人没有注意到的、有趣的东西或者是以前的文献中没有详细阐述的。然而，还有很多学生找不到gap，被采访者给出了以下几个理由：大多数学生不理解gap的含义，也不能在短时间内仔细阅读文献，这使得他们对于理论理解得不够充分。另一个原因可能是因为关于CSR已经存在较为完整的理论，因此，对于大二学生来说很难找到前期CSR理论的不足。

当被问及对当前第一个文件夹有何建议时，在访谈中受访者对于限制8篇及以上文献综述的合理性存在不同看法。一些人认为可以添加更多的文献，因为文献综述需要大量的信息来充实内容并且支撑文章的观点，确保论文具有学术性与可靠性。这类学生还提到他们可以通过搜索文献提升他们的阅读能力。此外，如果不对数量加以限制的话，学生们可能只会用到非常少的资料。而另一些人认为对一个300字的文献综述来说，8个文献显得多了，而且对于他们而言，在所给的较短时间中仔细阅读较多的文章比较困难。因此，他们认为应该给学生更多的时间来查阅学术参考文献。同时，学生们也需要提升他们的快速阅读能力而不是仔细阅读每一篇文献。他们也应该更熟练地在学校图书馆和网络搜索引擎上搜索资料。对于查找文献gap的困难，学生建议教师在提供好的例子之外还需要更详细地解释gap的概念及它和文献综述的关系。

综上所述，文献综述的文件夹任务能够帮助学生查找相关的前期文献，并进行符合学术规范的综述以及列出规范的参考文献列表。这不仅能提高学生文献综述的能力并找出前期文献的不足，更能够有效地避免抄袭现象的出现，培养学生的学术行为规范，并符合国际标准，从而为学生今后的学习和研究打下良好的基础。该结果支持了Banfi（2003）的观点，即文件夹帮助学生学会运用图书馆和网络收集文献和促进学术和专业知识的培养。此外，学生认为教师的反馈也很重要，能够帮助他们写好文献综述，这种师生之间的交流也支持了Moya和O'Malley（1994）、Nunes（2004）以及李清华（2016）的观点，即文件夹促进了师生间的交流，教师的反馈对学生的文件夹任务完成是很重要的。同时，文献综述可以帮助学生获取必要的信息并明确他们论文的目标，这正反映了Ferris和Hedgcock（2005）的观点，过程导向的写作教育目的是教会学生在写作中探索和表达观点以及提升文章水平。因此，教师在学术写作教学过程中可以考虑将该类文件夹加入学生的写作过程中，从而有效促进学生的学术写作水平。此外，还可以弥补英语教学中在正确引用文献教学方面的不足，促进学生对抄袭现象的认知和如何书写规范的文献综述以及避免抄袭。然而结果也显示，虽然一些学生通过批判性思维找到前期文献的不足，但另一些学生的批判性思维能力仍需教师进一步培训和加强。

4.2 第二个文件夹：确定研究问题和研究方法

学生需要在第二个文件夹中根据他们在文献综述中找到前期研究成果中的不足来确定需要研究的主要问题，然后找出适合的研究方法。在该任务中，老师会向学生提供必要的帮助，例如提供一些例子并对学生的作业给予反馈。问卷调查中发现，绝大多数学生（78%）同意第二个文件夹能帮助他们找到好的研究问题并找出合适的研究工具。不过其他人可能因为任务太难而有一些不同的观点。在访谈中，20人中有4人认为第二个文件夹是最重要也是最难的任务。例如，S1反映："我认为第二个文件夹是最重要的任务，因为研究问题是论文的核心和目的，其他的任务都是基于此的。"同样的，S5认为2个主要的研究问题也非常合理，能够有效指导他们设计后面的问卷，并且也是下一个文件夹的基础。S7 也强调第二个文件夹让他们明晰了在相关理论和背景的基础上去发现新内容，与第一个文件夹是紧密联系在一起的，使研究更加深入。S2则评论说这是最难的任务，因为对他来说很难区分主要的研究问题和小的调查问题。另外，这项任务需要根据前期文献的不足（gap）来设计自己的研究问题，因此，这需要批判性的思维。这些反映了Barton和Collins（1993）的观点，文件夹可以让学生们拥有批判性思维的能力，这要求他们在读完文献资料后能确定文献中的不足。最后，老师对学生的问卷设计提出针对性的指导意见，72%的受访者认为这样的意见很有帮助。

以上结果表明第二个文件夹是有益的，该项文件夹任务可以帮助学生学习如何设计研究的主要问题和研究方法。同时，与第一个文件夹一样，教师在第二个文件夹的反馈也为学生提供了一定的帮助，这一结果也肯定了Moya和O'Malley（1994）以及Nunes（2004）在教师反馈重要性方面的观点。不过仍然有一些学生认为这项任务很难，因为他们批判性思维能力不强，不能明确找出一个新的研究问题。

4.3 第三个文件夹：实施问卷调查

在第三个文件夹中，学生们需要通过以下几项内容完成他们的问卷调查：设计问卷具体内容、进行试点研究、发放问卷、收集数据并用表格呈现分析数据。教师也需要提供一些例子并对学生们的问卷进行反馈。问卷结果显示第三个文件夹被排在重要性的第二位。87%的受访者认同或者强烈认同他们通过第三个文件夹可以写出更好的调查内容。课堂讲义中指明了不同种类的问题及其分别能收集到的对应信息。例如，开放性的问题是一个收集定性信息的好方法。此外，90%的学生在该文件夹的帮助下收集到了定性的数据。同样，访谈数据显示绝大多数的学生在调查中选用了多选问题和开放性的问题，原因是多选可以很容易显示各方面的结果并表明观点的一致性，而开放性问题可以让受访者表述自己的观点，防止被问题诱导。

除了各类问题设计的训练，第三个文件夹也提供了在课堂里展开初步试点研究（pilot study）的机会，目的是让学生修改问卷中的不足。问卷调查显示92%的学生认为试点研究对问卷的设计有帮助。访谈结果揭示了具体内容，例如学生在多数的问卷草案中都存在一些问题，包括语法错误、用词、表述不清或者迷惑性的问题，以及反复使用同一种类型的问题，问题间逻辑混乱或者问题和研究内容无关等等，学生在访谈中反映可以在试点研究中发现这些问题并改进他们的调查问卷。例如S10提出，该任务给他们时间准备问卷和修改问卷，并得到反馈，这对他非常重要，而且是最重要的。另一个学生（S14）则指出，第三个文件夹与第二个文件夹是相连的，也是第四个文件夹的基础。此外，第三个文件夹引导学生们使用excel来提供列表数据，93% 的学生认为这是一种简便的数据分析方式。最后，大多数学生（78%）也认为教师的反馈有帮助。

该结果表明第三个文件夹对于学生们完成调查是显著有益的，能够协助学生设计一份有效的调查问卷。同时由于该项文件夹任务提供了学生修改的机会，可以使他们的问卷更趋于完美，更容易收集到满意的数据。而这样的过程，正如Davis 和 Jordan（2015）所说，也丰富了学生的学习机会。另外，与前两项文件夹相同，教师的反馈在这项文件夹中也是有效的。

4.4 第四个文件夹：结果和图表描述

在第四个文件夹中，参与者需要通过不同种类的图表来分析他们的数据并得出结论。同样，教师会给学生提供简单的数据分析示例来帮助学生完成这一阶段的任务。绝大多数问卷的受访者都同意他们在第四个文件夹的帮助下成功地分析了数据结果，这一步骤帮助他们从结果得出最终结论。97% 的问卷受访者对讲义中各种带有详细解释的例子和图表描述分析很满意，82%的学生也赞成教师的反馈对该任务是有帮助的。这些都表明第四个文件夹是很有帮助的。

同样，在访谈中学生也表达了相似的观点，如S3和S5都提到第四个文件夹在分析数据中起到了非常关键的作用，帮助他们分析结果。此外，访谈调查的结果也表明多数学生使用条形图和饼状图来表现数据，他们认为，条形图可以很清晰地表达数据的具体数值和变化趋势，同时也可以很容易通过比较其长度来对比不同的项目，而饼状图可以显示项目所占的百分比。例如，S6指出该项任务指导她如何运用不同的表格描述和分析数据，这对她是很有帮助的，她强调：“第四个文件夹帮助我通过画表格和图表来分析数据，这对于数据分析来说是最重要的模块。”另外，S9还提到在分析时他们要运用批判性思维，这也锻炼了他们批判性思维的技能。S10则指出该项任务让他们运用证据来回答研究的主要问题，训练了他们用事实阐述观点的能力。

另外，结果显示教师的反馈对于学生完成第四个文件夹也很重要，更确切点说，该文件夹的反馈最为重要。这可能是因为该文件夹更难，教师的反馈更能启发学生了解结构并指出他们的问题。大多数学生认为第一个文件夹和第四个文件夹的反馈相对于其他的任务更为重要，可能是因为这两部分更为重要。结果也显示教师需要更重视对总体和对个人的反馈，要给学生有效的关于架构和内容的建议。

因此，第四个文件夹对学生的整体报告是有帮助的，教师的反馈同样有帮助，使他们学会如何分析数据，并运用批判性思维来分析数据。该项任务可以弥补Schleppegrell（2001）提出的学术写作训练有时缺乏批判性思维的不足。同时，这正反映了Ferris和Hedgcock（2005）的观点，结论分析作为论文的核心是很重要的。

5. 讨论

本文调查了学生对四种文件夹帮助他们完成一篇学术英语报告的看法。研究结果表明，大多数学生认为这四项文件夹在他们的写作过程中是有效的，同时都有不同的侧重。相对而言，第一个和第四个文件夹任务最为重要，因为这两个任务规范了学生的学术写作要求，使学生的写作更加符合国际标准，然而其他两个任务也给学生提供了必要的帮助。因此总体上讲，四个文件夹在各个方面对于学生们完成他们的课程作业都是有帮助的。学生们通过这四个文件夹的写作过程，可以有效地一步步完成整个文章的写作。首先，这几项文件夹制定了清晰的时间和进度表，把一个复杂的过程和困难的任务分成几个小段并且容易完成的任务，并帮助和督促学生完成每一项任务，从而最终有效地完成整个报告，也减轻了学生的压力。这也支持了De Fina（1992）的观点，即通过不同阶段的任务，展示学生的进步和成果。而由于每个任务都有时间限制，使学生学会更有效地控制时间。同时，教师的反馈也显得极为重要，使学生不仅能够完成一篇符合国际标准的学术研究报告，也防范剽窃和抄袭现象的发生，从而弥补了大学英语学术写作训练在这一方面的不足。这一发现也支持了Jordan（2016）提出的反馈在学术英语写作过程中占重要地位。

此外，这些任务对于他们应当在本项任务中完成的目标及获取的技能提供了清楚的指南，使他们在完成最终报告前进行了较好的前期准备工作，而这些准备工作被学生认为是必要和有效的，也奠定了很好的基础，使学生一步一步地完成最终目标。而这些各阶段的步骤，比仅仅是布置给学生一篇作文并让学生自己去写而没有提供有效的帮助和反馈要有效得多，可以有效改善中国学生薄弱的学术写作技能。这些文件夹任务较全面地体现了国外研究者对文件夹的定义，包含了完成一篇学术文章的各个必要过程，而不仅仅是局限在不断地修改文章，因此为国内学术写作训练提供了一个借鉴。尤为重要的是，在这四项文件夹任务的过程中，批判性思维在各个阶段都有所体现和训练。

然而尽管本研究得出较为积极的研究结果，但仍存在一些缺陷。受访者中有60名女性，人数大于男性人数的两倍。由于不同性别的人对相同情景会产生不同的看法，这会导致结果产生差异。此外，问卷调查仅局限于百分比，也存在一定的局限性。

6. 结语

本研究的结果对文件夹在学术英语写作教学中的应用提供几点建议。首先，由于大部分学生对于文献综述的定义和结构不了解甚至疑惑，第一个文件夹应当被设计得更详细，相关的讲义也可以给学生提供更具代表性的例子。其次，建议教师给予学生全面的整体反馈和目标性的个人反馈，这些反馈应当包括教师对于文章内容和结构的专业建议。总之，本文的结果为学术英语写作教学中提供了应用文件夹的案例和建议，并从中根据各自的教学要求自行决定侧重点，设计类似的文件夹任务，帮助学生撰写符合国际规范的学术文章，避免抄袭现象的发生。而文件夹任务对批判性思维的训练，可以弥补写作训练在这一方面的不足。因此，运用文件夹，通过一系列有针对性的任务，可以帮助学生解决写作中遇到的困难。

参考文献

Banfi, C. S. 2003. Portfolios: integrating advanced language, academic, and professional skills [J]. *ELT Journal* 57(1): 34-42.

Barton, J. & Collins, A. 1993. Portfolios in teacher education [J]. *Journal of Teacher Education* (44): 200-210.

Brindley, G. & Ross, S. 2001. EAP assessment: issues, models and outcomes [A]. In J. Flowerdew & M. Peacock (Eds.) *Research Perspectives on English for Academic Purposes Research Perspectives on English for Academic Purposes*[C]. Cambridge: CUP. 148-168.

Calfee, R. & Gearhart, M. 1998. Introduction: portfolios and large-scale assessment [J]. *Educational Assessment* 5(1): 1-3.

Davis, M. & Jordan, E. 2015. Maximising student learning opportunities through portfolio coursework assessments[R]. Paper presented at *XJTLU Annual Learning and Teaching Staff Colloquium*, Suzhou. 17th April 2015.

De Fina, A. A. 1992. *Portfolio Assessment: Getting Started.* [M] Jefferson City, MO: Scholastic, Inc.

Ferris, D. & Hedgcock, J. 2005. *Teaching ESL Composition: Purpose, Process and Practice* (2nd ed.)[M]. Mahwah, NJ: Lawrence Erlbaum Associates.

Finch, A. 2001. Portfolios and projects: the understanding crisis[R]. *Proceedings of the KOTESOL 2001 International Conference.* Seoul, South Korea, Oct. 2001.

Halliday, M. A. K., & Hasan, R. 1989. *Language, Context and Text: A Socio-*

semiotic Perspective[M]. Oxford: Oxford University Press.

Hamp-Lyons, L., & Condon, W. 2000. *Assessing the Portfolio: Principles for Practice, Theory, and Research* [M]. Cresskill, NJ: Hampton Press.

Hyland, K. 2006. *English for Academic Purposes: An Advanced Resource Book*[M]. London/New York: Routledge.

Jordan, R. R. 2016. *English for Academic Purposes: A Guide and Resource Book for Teachers.* 学术英语教师指南与资源 [M]. 北京：清华大学出版社.

Kathpalia, S. & Heah, C. 2008. Reflective writing: Insights into what lies beneath[J]. *RELC Journal* 39(3): 300-317.

Katznelson, H., Perpignan H. & Rubin, B. 2001. What develops along with the development of second language writing? Exploring the "by-products"[J]. *Journal of Second Language Writing* 10(3): 141-159.

Lam, R. 2018. *Portfolio Assessment for the Teaching and Learning of Writing* [M]. Singapore: Springer.

Lea, M. R., & Street, B. 1998. Student writing in higher education: an academic literacies approach[J]. *Studies in Higher Education* 23(2): 157-172.

Moya, S. S. & O'Malley, J. M. 1994. A portfolio assessment model for ESL[J]. *Journal of Educational Issues of Language Minority Students.* 13: 13-36.

Nunes, A. 2004. Portfolios in the EFL classroom: disclosing an informed practice[J]. *ELT Journal.* 58(4): 327-335.

Scarcella, R. 2003. Academic English: a conceptual framework [D]. University of California Linguistic Minority Research Institute.

Schleppegrell, M. J. 2001. Linguistic features of the language of schooling [J]. *Linguistics and Education* 12: 431-459.

Spack R. 1988. Initiating ESL students into the academic discourse community: How far should we go? [J]. *TESOL Quarterly* 22(1): 29-52.

Shi, L. 2004. Textual borrowing in second-language writing[J]. *Written Communication* 21(2): 171-200.

Sun, Y. H. 2008. Citation problems of Chinese MA theses and pedagogical implications[J]. *The Journal of Asia TEFL* 5(1): 1-27.

Wolf, D. P. 1989. Portfolio assessment: Sampling student work [J]. *Educational Leadership* 46(7): 35-39.

Zhang C. 2014. Plagiarism in their own words: What Chinese and American students say about academic dishonesty. *Chinese Journal of Applied Linguistics*[J]. 37(3): 373-391.

边克攀. 2010. 档案袋评估在大学英语写作教学中的应用[J]. 重庆科技学院学报(5): 201-202.

蔡基刚. 2015. 再论我国大学英语教学发展方向：通用英语和学术英语[J]. 浙江大学学报 45(4): 83-93.

李清华. 2010. 基于文件夹的写作形成性评估对中国学生EFL写作能力发展的影响[J]. 中国应用语言学(2): 103-114.

李清华. 2016. 中国英语学习者对基于文件夹写作评估的认识——个案研究[J]. 中国应用语言学(2): 215-230.

王守仁、王海啸. 2011. 我国高校大学英语教学现状调查及大学英语教学改革与发展方向[J]. 中国外语(5): 4-11.

王守仁、姚成贺. 2013. 关于学术英语教学的几点思考[J]. 中国外语10(5): 4-10.

王文宇、王海啸、陈桦. 2018. 构建具有校本特色的个性化大学英语课程体系[J]. 中国外语 15(4): 18-26.

文秋芳. 2014. 大学英语教学中通用英语与专用英语之争：问题与对策[J]. 外语与外语教学(1): 1-8.

伊迎. 2010. 基于文件夹的形成性评估在医学院校英语写作教学的应用研究[J]. 中国科教创新导刊(31): 53.

邹斌. 2015. 从中外合作大学学术英语教学看大学英语教学改革——以西交利物浦大学为例[J]. 外语界(6): 69-76.

作者信息：

1. 邹斌，副教授，西交利物浦大学，研究方向：学术英语，外语教育技术，英语教学。Email: bin.zou@xjtlu.edu.cn
2. 李卉，助教，山东力明科技职业学院，研究方向：英语教育，医学英语。Email: 1607281716@qq.com
3. 曲丽洁，讲师，山东大学，研究方向：英语教育，英美文学。Email: eejiequ@163.com
4. 刘泽茜，在读研究生，悉尼大学，研究方向：商业英语。Email: 352606396@qq.com

线上线下混合教学模式在大学英语听说教学中的应用研究——基于问卷星及 Blackboard 网络平台的实例分析[1]

赵华雪　代　彬　四川外国语大学

【摘　要】本文借助Blackboard在线网络教学管理平台及在线测评平台“问卷星”，结合当前教学现状，提出了体现课程特色的线上线下混合式教学及学习模式。本文提出通过线下网络自主学习与线上多媒体课堂面授有机结合，为学生提供多种学习模式，诸如网络自主学习任务布置、小组协作、课堂教师面授、师生/生生互动及多层面的监控与评估手段与方法等，旨在促进学生进行更有效的英语学习，提高英语语言运用能力，最终达到“减时增效”的目标。结合四川外国语大学大学英语听说教学改革的实践经验，本文对线上线下混合教学环境下的听说教学模式提出了一些建议与对策。

【关键词】混合学习；线上线下；任务教学法；合作学习；Blackboard平台；问卷星

1. 引言

在传统教育环境下，面授学习（Face-to-Face Learning）要求学生定期进入校园内的实体教室参加学习活动，限制了学生学习的自主性和灵活性。相比而言，在线学习（Online Learning）在计算机和网络技术的支持下，能够构建以学生为中心的、开放的学习空间，在学习时间、学习空间和学习方式上给学生提供多样自主的选择，完全颠覆了传统课堂教学的基本形态。但是，在线学习在实际应用中也暴露了许多不足，包括教师培训开支大、难以克服技术鸿沟、在线学习

1　本文系重庆市研究生教育教学改革研究项目（yjg153095）、重庆市高等教育教学改革研究项目（1203006）、四川外国语大学教学改革研究项目（JY164632、JY164633、JY164634）的阶段性成果。

过程中的孤立感等（韩锡斌等，2016），再加上学习者学习动机、学习方法等方面的制约，在线学习的有效性存在较大的不确定性。在此背景下，将面授学习和在线学习二者融为一体的混合学习（Blended Learning）逐渐进入学者们的视野。

2. 混合式教学模式的理论依据

根据ASTD（美国发展与培训协会）2002年的定义，混合学习（Blended Learning）是把不同情境下的学习活动，如面授学习、在线学习、自定步调学习等相结合的学习解决方案。混合式教学模式实际上是一种变相的翻转课堂模式，是对翻转课堂模式的具体实施和践行。混合学习是指在学习过程中，将两种典型的教学模式——面授学习及在线或数字化学习（Online or E-Learning）——有机结合，实现有效学习的一种学习模式（何克抗，2005）。其目的在于融合课堂教学和网络教学的优势，综合采用以教师讲授为主的集体教学形式、基于“合作”理念的小组教学模式和自主学习为主的教学模式（黄荣怀等，2006），提高教学有效性。黄荣怀等（2009）结合教育技术学提出，混合式学习是找到“最好”的方式去改善学习，取得“最优化”的学习效果。上海师范大学的黎家厚（2008）把Blended Learning译为“融合性学习”，他认为融合性学习是指对所有的教学要素进行优化选择和组合，以达到教学目标，同时指教师和学生在教学活动中，将各种教学方法、模式、策略、媒体、技术等按照教学的需要娴熟地运用。“第八届混合学习国际会议暨教育技术国际研讨会”更是将混合学习的概念进行了深化与创新，在学习环境、学习形态、学习方式和学习过程等多方面进行了详尽阐述，深化了混合学习的内涵，使其更符合时代发展。

国外大量研究表明，除课堂教学之外，必要的网络学习有助于巩固学生学过的知识。哈佛商学院教师DeLacey和Leonard（2002）的研究表明，在开设传统课程的同时增加网络学习课程不仅能增加学生的知识，而且能提高学生的互动和增强学生的满足感。Thomson NETg在2003年发布了一份白皮书称：相对于纯粹通过网络教学或传统课堂教学学习的学生而言，使用混合型教学策略教授的学生在完成真实任务时的速度更快。

在总结和吸取国外成功应用混合型教学模式经验的基础上，我国部分高校教师也开始致力于这种模式的教学尝试和研究。李蕊丽（2006）、柳瑞雪（2016）等学者在教学实践中运用教师主导、学生主体、自主学习与协作学习有机结合的混合型教学模式之后，学生学习英语的兴趣明显提高，学习能力得到很大改善，成绩显著提高。而齐红和符祝芹（2007）、赵冬梅和尹伊（2012）则借助网络教学管理平台进行教学实验，通过网络自主学习与课堂面授有机结合，为学生提供多种学习模式，提高了学生的自主学习能力，实现了从“减时等效”到“减时增效”的目标。从国内外学者和教师对混合型教学模式的研究来看，混合型教学模式确实能将传统教学方式和网络化学习的优势结合起来，发挥教师引导、启发、监控教学过程的主导作用，充分体现学生作为学习过程主体的主动性、积极性与创造性。

3. 基于问卷星及Blackboard网络平台“线上线下混合式教学”模式的操作流程设计

依据翻转课堂及混合学习模式理念，本文在国内外专家学者对翻转学习和混合式学习研究的基础上，提出了线上线下混合学习模式，主要以Blackboard 教学平台（以下简称为BB平台）为支撑，以在线测评平台“问卷星”为线上课堂测评手段，以四川外国语大学教育学院非英语专业学生为研究对象，探讨翻转混合式学习模式的涵义及其在大学英语听说教学中的实践应用，该模式如图1。

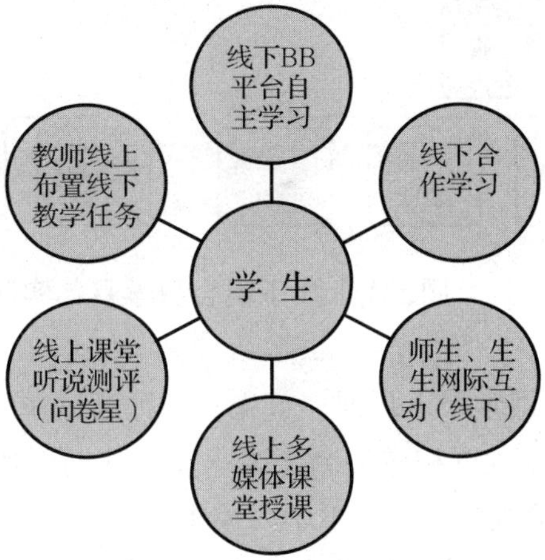

图1 线上线下混合式教学模式操作流程示意图

如上图所示，在“线上线下混合式教学”模式中，教师通过BB平台布置教学任务，利用多媒体课堂进行线上面授，通过“问卷星”进行课堂听说测评；学生通过BB平台进行在线自主学习、课外合作学习或通过BB平台网际互动完成教师布置的教学任务；教师通过问卷星对学生的学习效果进行评估检查，解决学生的问题。在这种教学模式中，学生处于中心地位。具体而言，教师通过BB平台布置线下教学任务：教师在课堂学习中为学生的自主学习设定不同层次的目标和任务，同时对学习内容提出要求和建议。

我校听说教学使用的教程分别是：《新视野大学英语视听说教程》《英语听力教程（Listen This Way）》。学时安排为：30人小班听说教学（16课时）+ BB平台网络自主学习（20课时）。小班听说教学在多媒体教室进行，每隔一周两学时。在听力方面，教师主要帮助解决听力中的疑难问题和讲解听说策略；在口语方面，教师组织引导小组讨论、个人陈述、辩论、角色扮演等。网络学习主要是学生线下课后自主学习，每周两学时。主要采用基于问题的混合学习、自主学习和教师在线指导三种策略。具体形式为：学生按教师规定完成BB平台网络听力内容，完成教师基于网络自主学习布置的自测题，师生利用BB平台进行提问、答疑和讨论等。具体实践操作如图2所示：

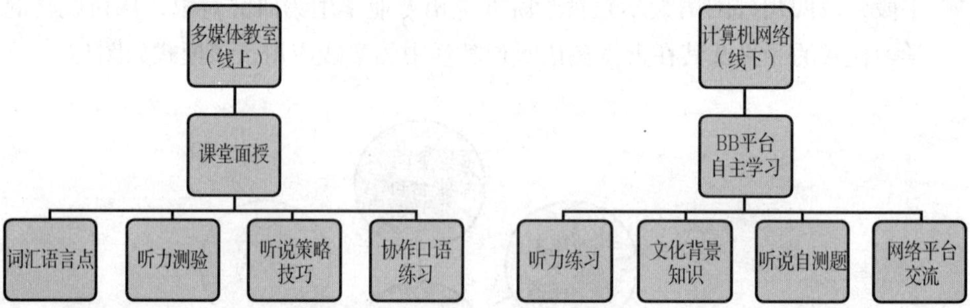

图2 线上线下混合教学具体实践操作图

（1）多媒体课堂线上授课：首先，教师通过在线测评平台“问卷星”针对不同单元主题特点设置相应的测评试题（包括词汇理解、听力填空、听力问答等），以此评估检查学生的线下学习成果（如图3所示）。其次，教师针对测评中出现的问题，选择大部分学生都会遇到的难点进行巩固分析，包括重复听力训练及重点难点词汇精讲练习，并通过布置一些任务型学习活动，让学生展示学习成果，比如小组协作陈述、表演、讨论或辩论等，从而将听和说的练习无缝衔接。此外，教师也可利用多媒体，适当补充包括趣味知识、文化背景等在内的教学内容，使线上多媒体课堂更加丰富。最后，教师通过BB网络平台布置新的教学任务，学生需在下次上课前完成线下BB平台自主学习，从而形成“线下自主学习—线下合作学习—线下师生、生生网际互动—线上多媒体课堂授课—线上课堂听说测评—线上布置线下教学任务”的无限学习循环模式。

1. 姓名：*

2. Please write the corresponding letter as you hear the word.（请输入大写字母，无间隔）
A 分水岭 B 污染 C 纬度 D 化石（矿物）燃料 E 卫生
F 季风季节 G 恶性循环 H 腹泻 I 喜马拉雅山 J 有远见的 *

3. Listen to the monologue and fill in the blank. *
1) It's quite difficult to make a kind of ______ of worry here, because so many issues are there.
2) But I think it has to be said that as far as we we're concerned, as a campaigning organization, it really is the ______ that we are concentrating on most.
3) it's important in many different ways, important firstly for the countries themselves, in terms of the fact that millions of people depend on the rain forests for their ______.
4) Secondly, they're important because of the ______ of the rain forests.
5) Lastly, they're important at international level because of the impact on ______ that one would find if the rain forests were destroyed.

图3 线上“问卷星”测评试题范例

（2）线下自主学习：首先，学生根据教师在BB平台布置的教学任务制定自己的学习方案，自主决定适合自己能力水平的学习方法。其次，在学习每个单元的同时，学生可进行在线自主学习，通过BB平台完成本单元的自测题，并对测试结果进行统计。再者，利用学校的大学英语自主学习平台完成相关的听说训练。

（3）线下合作学习：教师鼓励学生合作完成学习任务，例如查阅资料，开展主题讨论、辩论，排演英语短剧，进行调研活动等。通过合作学习，学生不仅能获得知识，更能培养团结协作精神和集体主义精神，提高他们与人相处及语言表达的能力。

（4）线下网际互动：教师和学生均可通过网络系统增进互动。此过程不仅能通过BB平台实现，更能通过腾讯QQ、Email、微信等其他网络社交工具完成。师生间、学生间随时可进行信息沟通；利用网络设置网上学习虚拟班级；开辟不同专栏；如公告通知、学习资源（上载参考资料、进行单元测试等）、作业信息、讨论专区（进行学习讨论或教学答疑等）、学习备案等，达到合作学习、共同提高的目标。

（5）线上线下混合式教学模式教学评估：形成性评价与终结性评价结合的评价体系——“重形成性评价而轻终结性评价”。传统的课程评价都是在课程结束后通过一次性的考核对课程做出终结性评价。随着形成性评价理论的发展壮大和广泛实践，目前我国大学英语课程的评价体系也大多采用了形成性评价与终结性评价相结合的方式，然而“重终结性评价而轻形成性评价”的现象却普遍存在。根据英语听说学习的规律和特点，以及混合教学模式中包含的多方面因素的加入，终结性评价在听说课程评价上的客观性和合理性上越发降低，因此基于BB平台及问卷星的线上线下混合教学模式提出了“重形成性评价而轻终结性评价”的课程评价体系。评价体系包含形成性评价和终结性评价两部分，形成性评价占70%，终结性评价占30%。其中形成性考核内容包括学期内学生的自评、互评；教师对学生课堂表现、作业情况、自主学习、参与网络互动等情况的评价、BB自主学习听说平台成绩和问卷星单元测试等综合考察学生的自主学习情况。形成性评价贯穿于课程始末，从多个角度，对每位学生在课堂内外的学习和任务完成的过程和结果进行评价；终结性评价在期末进行，采用听力机考对每个学生进行评价。形成性评价和终结性评价的结合有利于激发学生的学习动力，帮助学生及时反思学习中的问题，改进学习态度和方法，同时也能够让教师跟进学生的反馈信息，对教学作出调整。线上线下混合式教学模式教学评估具体构成部分如表1所示：

表1 线上线下混合式教学模式教学评估构成表

教学评估：形成性评价＋终结性评价（“重形成性评价而轻终结性评价”）		
形成性评价（70%）		终结性评价（30%）
课堂出勤	10%	听力机考
课堂表现（回答问题、小组合作、口语练习等）	20%	
问卷星测评情况	10%	
BB 平台自主学习情况	15%	
参与网络互动情况	10%	
小组互评情况	5%	

注：由于形成性评价中“课堂表现”已涵盖学生大量的口语练习测评，故期末考试不再对口语进行测评，以免造成一次性测评的不公正性。

4. 基于BB平台及问卷星的线上线下混合式听说教学效果分析与对策

为了进一步了解此线上线下混合听说教学模式的效果，笔者采用问卷调查、访谈法对四川外国语大学2016级教育学院及商学院的350名学生进行了调查，收到有效问卷320份。问卷通过网络测评平台“问卷星”制作收集，问题设置涉及线上多媒体教室上课情况、网络自主学习情况和混合听说学习模式的效果三个方面。学习效果分析共设四个问题，具体如下：

表2 线上线下混合式听说教学模式网络调查结果（百分比）

问题设置	非常同意	同意	一般	不同意	很不同意
学生对知识与技能的掌握程度有明显提高	37.8	55.1	4.5	2.6	0
学生的自主学习能力有一定的提高	45	49.6	3.2	2.2	0
学生的沟通交流能力有所增强	35.3	39.6	10.2	7.8	7.1
学生的创新能力有一定提高	21.7	41.6	13.3	13.6	9.8

问卷调查结果显示，学生对基于BB平台及网络测评平台“问卷星”的线上线下混合式教学模式反应较好。92.9%的同学认为通过BB平台及问卷星的线上线下混合式学习模式对英语知识与技能的掌握程度有明显提高；94.6%的学生认为自己的自主学习能力通过线上线下混合教学模式得到了一定的提高；通过访谈交流也发现，学生反映混合式学习自由度高，可以自由安排在线学习时间，制定适合自己的学习计划，而且在课堂上未解决的问题，可以在平台上利用丰富的学习资源独立思考并解决问题。74.9%的学生认为通过这种线上线下混合式教学能够促进自己的沟通交流能力，此点可从学生与学生、学生与教师在BB平台、Email及微信中的互动交流中体现。本学期论坛点击次数为7 859次，发帖次数为1 930次，讨论内容以各章节知识点和电脑常用知识居多。师生之间收发的电子消息为1 751封，主要是对知识点及测试题的答疑解惑。而63.3%的同学则认为自己的创新能力在整个混合模式教学中得到了一定程度的增强。很多学生在认真完成线下网络平台的教学任务的基础上，创作了展现自己个性的英文作品（包括辩论、小

组讨论、个人陈述、角色扮演等）。BB论坛中也不乏新颖观点，例如帮助其他同学解决问题时，不局限于课堂与书本讲授的方法，而是提出一些新方法与技巧，这一点在师生电子消息交流中都有所体现。

为了研究线上线下混合式教学实践是否对学生成绩有所提升或促进，笔者还对学生本门课成绩进行了阶段性对比，并和其他普通班进行了必要的差异化教学。因此，在实验开始前必须确认实验组和控制组在英语听力能力上没有显著差异。因此，我们通过入学测试收集了2016级商学院六个班的听力水平数据，通过SPSS16.0进行检验，发现1、2班和5、6班英语听力成绩不存在显著差异，因此分别确定为实验班和对照班。结果如下：

表3 使用不同教学法的中文系学生英语期末听力考试成绩差异

	实验班（n = 111）		对照班（n = 111）		MD	t（220）
	M	SD	M	SD		
期末考试成绩	69.90	10.663	67.75	12.917	2.153	1.354

P > 0.05

实验班开展了一学期的线上线下混合式教学；对照班经历了一学期传统课堂教法。两组学生期末英语听力测试成绩经独立样本t检验结果显示，实施线上线下混合式教学的班级和传统教法的班级期末考试成绩有显著差异（t = 3.864, df = 220, p < 0.05）：实验班学生期末考试成绩显著高于对照班（MD = 6.144）（见表4）。

表4 使用不同教学法的中文系学生英语期末听力考试成绩差异

	实验班（n = 111）		对照班（n = 111）		MD	t（220）
	M	SD	M	SD		
期末考试成绩	79.89	10.665	73.75	12.919	6.144	3.864

P < 0.05

诚然，线上线下这种混合学习模式并非毫无瑕疵，教师制作视频等网络学习资料需要耗费大量的时间和精力，更需要教师之间进行通力合作，对教师本身就是一个巨大的挑战。而学生自己也需要在线下投入大量的时间和精力完成教师线上布置的教学任务，对学生个体的自主学习能力要求甚高。部分自制力差的学生还可能在线下网络学习过程中利用免费网络做一些与英语学习无关的事，如打游戏、聊天等，严重影响了其他同学自主学习的效率，也间接影响了线上多媒体课堂学习氛围。但是，线上线下混合教学模式也有独特的优势。比如：线下网络视频自主学习时间相对灵活，学生可根据自己的实际情况调节学习进度，将视频暂停、回放和重播，直至学懂为止。如若在线下网络学习过程中遇到各类问题，还可以与同学之间相互交流，相互求助，解决问题。再者，在线上多媒体课堂教学中，学生还可以将课前学习时遇到的疑问和困难反映给教师，从教师那里得到解答。教师也能够通过网络学习平台监控学生的学习进度和学习任务完成情况，了解学生的进展和弱项，然后对学生进行针对性强的个别指导。因此，在线上多媒体课堂教学与线下网络平台自主学习的聚合效应驱使下，学生的知识技能掌握能力得到了极大提高，学生的自主学习能力也在一定程度上得到了增强，学生更能提出问题、解决问题，思辨能力和创新能力都有所发展。

5. 未来规划与建议

5.1 构建混合式教学模式，实现翻转课堂，顺应师生教学所需

通过问卷星及BB平台作为中间平台对在线开放课程的教学模式进行改革，形成由传统课堂教学、在线开放课程平台在线学习以及问卷星、BB平台三者相结合的混合式教学模式。该教学模式能够充分发挥三者的优势，真正实现翻转课堂，推动信息技术和教育教学深度融合，主动适应学生的个性化需求，用学生乐于接受的方式引导学生进行学习，激发学生的学习热情，提高教学效果，并能促进教师教学能力的提升。

5.2 促进在线开放课等优质教学资源的建设和应用实现资源共享

通过问卷星及BB平台学习在线开放课的教学资源更加灵活，学生可以更有针对性地进行碎片化学习，另外微信等公众平台还可以推送多种形式的信息，营造良好的学习氛围。师生、生生之间可以更加便捷地交流沟通，帮助建立和谐融洽的关系。混合式教学模式的实施可以促进在线开放课程的建设和应用，充分发挥优质教学资源的应用和共享，加强师生之间的平等交流。

5.3 完善混合式教学模式下教学管理制度、教学评价体系等规章制度

混合式教学模式需要一系列的配套措施才能保证实施。首先要从制度上加以

明确，从管理层面上保证其有序进行，给师生提供可行的环境。传统教学模式和新型教学模式并行或者交替期间要积极探索并推进管理制度和评价体系的改革。

在线开放课网络教学平台以及问卷星及BB平台的广泛使用需要不同于传统课堂的、更加灵活的考核方式和评价体系。一方面从课程标准、教学计划、教学资源、微课制作等方面进行审核，这是教学资料的基础考核。再把对在线开放课平台本身的评价和考核内容作为教学质量考核的重要内容，通过问卷星及BB平台查看后台管理数据记录签到次数、访问量、交流频率等作为考核的另一项重要内容。这些都能进行制度化执行，为学校编写《在线开放课管理和考核实施办法》提供有力的参考。

参考文献

Baker, J.W. 2000. The "Classroom Flip": Using Web Course Management Tools to Become the Guide by the Side[R]. Paper Presented at the 11th International Conference on College Teaching and Learning, Jacksonville, FL.

Bonk, C. J., Wisher, R. A., & Lee, J.-Y. 2005. Moderating learner-centered e-learning: Problems and solutions, benefits and implications. Online collaborative learning: Theory and practice[J], *Encyclopedia of Distance Learning*, 54-85.

Caballé, S., Xhafa, F., & Barolli, L. 2010. Using mobile devices to support online collaborative learning[J]. *Mobile Information Systems*, 6(1), 27-47.

Chuang,Y.-T. 2015. SSCLS: A smartphone-supported collaborative learning system[J]. *Telematics and Informatics*, 32(3), 463-474.

DeLacey, B.J. & Leonard, D. 2002. A case study on technology and distance in education at the Harvard Business School[J]. *Educational Technology and Society*, 2(1), 13-40.

Fautch, J. 2015. The flipped classroom for teaching organic chemistry in small classes: Is it effective?[J]. *Chemistry Education Research and Practice*, 16(1): 179-186.

Harasim, L. M. 1995. *Learning Networks: A Field Guide to Teaching and Learning Online*[M]. America: MIT press.

Ke, F., & Hsu, Y.-C. 2015. Mobile augmented-reality artifact creation as a component of mobile computer-supported collaborative learning[J]. *The Internet and Higher Education*, 26, 33-41.

Miguel, J., Caballé, S., Xhafa, F., Prieto, J., & Barolli, L. 2016. A methodological approach for trustworthiness assessment and prediction in mobile online collaborative learning[J]. *Computer Standards & Interfaces*, 44, 122-136.

NETg, Thomson. 2003. The Next Generation of Corporate Learning: Achieving the Right Blend[R].<cehd.umn.edu/whre/faculty/ThomsonNETgs.pdf>.

Pifarré, M., & Staarman, J. K. 2011. Wiki-supported collaborative learning in primary education: How a dialogic space is created for thinking together[J]. *International Journal of Computer-Supported Collaborative Learning*, 6(2), 187-205.

Reychav, I., & Wu, D. 2015. Mobile collaborative learning: the role of individual learning in groups through text and video content delivery in tablets[J]. *Computers in Human Behavior*, 50, 520-534.

陈然、杨成. 2015. SPOC混合学习模式设计研究[J]. 中国远程教育. 3-5.

管维红、华驰，陈祺. 2016. 基于微信公众平台构建在线开放课混合式教学模式的研究[J]. 中国教育信息化. 7-9.

韩锡斌、王玉萍、张铁道、程建钢. 2016. 迎接数字大学：纵论远程、混合与在线学习——翻译、解读与研究[M]. 北京：清华大学出版社.

何克抗. 2005. 从Blending Learning看教育技术理论的新发展[J]. 国家教育行政学院学报(9). 3-9.

黄荣怀、周跃良，王迎. 2006. 混合式学习的理论与实践[M]. 北京：高等教育出版社.

黄荣怀、马丁、郑兰琴、张海森. 2009. 基于混合式学习的课程设计理论[J]. 电化教育研究(1). 4-11.

蒋红星、代洪彬、肖宗娜. 2016. 国内混合式学习的文献计量和知识图谱分析——基于CNKI 2003－2016年数据[J]. 广西师范大学学报：哲学社会科学(10). 10-11.

李蕊丽、胡鸣焕. 2006. 网络环境下的大学英语“Blending Learning”教学模式探讨[J]. 计算机应用(12). 5-7.

李克东. 2004. 混合学习的原理与应用模式[J]. 电化教育研究(7). 1-3.
黎加厚. 2008. 关于“Blended Learning”的定义和翻译[EB/OL]. [2016-05-25]. http://www.jeast.ne/jiahou/arehives/000618.html, 2008-06-10.
刘黄玲子、黄荣怀、朱伶俐、郑兰琴. 2015. 一项混合式教学的行动研究[J]. 学位与研究生教育(11). 3-4.
凌茜、马武林. 2009. 基于Web2.0平台的大学英语混合式学习探究[J]. 电化教育研究(6). 2-5.
柳瑞雪、石长地、孙众. 2016. 网络学习平台和移动学习平台协作学习效果比较研究——基于社会网络分析的视角[J]. 中国远程教育(11). 2-8.
秦建华. 2014. 翻转课堂：理据、优势和挑战[J]. 现代中小学教育(5). 1-2.
齐红、符祝芹. 2007. Blackboard平台支持下的大学英语混合教学模式的实证研究[J].西安外国语大学学报(3). 1-3.
孙众. 2015. 混合学习的深化与创新——第八届混合学习国际会议暨教育技术国际研讨会综述[J]. 中国远程教育(9). 2-9.
吴忠良、赵磊. 2014. 基于网络学习空间的翻转课堂教学模式初探[J]. 中国电化教育(4). 3-7.
吴文涛、张舒予.2016. 中美翻转课堂研究的可视化比较分析及其启示[J]. 远程教育杂志(5). 1-4.
于文浩. 2015.“翻转课堂”的学习满意度——高校课程教学行动研究[J]. 开放教育研究(3). 3-9.
张金磊、张宝辉. 2013. 游戏化学习理念在翻转课堂教学中的应用研究[J]. 远程教育杂志(1). 1-4.
赵建华. 2007. 课堂与Web环境下协作学习组成要素的对比分析[J]. 中国电化教育(2). 5-7.
赵冬梅、尹伊. 2012. 基于Blackboard 平台的混合式学习模式教学实践探究[J]. 现代教育技术2012(9). 7-8.

作者简介：
赵华雪，1987年生，硕士，讲师。主要研究方向：英语教学法及语言测试。
代彬，1982年生，博士，副教授。主要研究方向：国际财务管理。Email: 1340023939@qq.com

基于“产出导向法”的农科研究生英语听说教学研究

许家平 曹新宇 殷 玮 南京农业大学

【摘 要】本文通过分析农科研究生英语听说存在的问题，进行了为期8周的基于“产出导向法”的教学实验。结合农科学生特点，采用具有农科特色的全国高等农林院校“十二五”规划教材，指导学生收听“美国之音”中的农业科技英语报道，以产出为目的，要求学生听后口头总结和互动。本文采用课堂观察、调查问卷和反思日记等方法收集数据。结果表明，基于“产出导向法”的英语听说教学具有较好的效果。学生英语听和说的能力均明显提高，学习的自信心也得到增强。同时将英语学习与专业学习融合起来，学以致用，有助于培养学生毕业后的社会适应能力。

【关键词】产出导向法；农科研究生；英语听说教学

1. 引言

2010年10月颁布的《国家中长期教育改革和发展规划纲要（2010~2020）》要求我国高校“培养大批具有国际视野、通晓国际规则、能够参与国际事务和国际竞争的国际化人才”。“一带一路”倡议的实施、全球化的飞速发展和国际交流的日益频繁，要求高校培养的学生，尤其是研究生具有良好的英语运用能力，以达到参加国际交流的目的。研究生毕业时应该有能力消化吸收国外的最新科研成果，能读懂专业文献，听懂专业讲座，同时也要具备把自己在专业方面做出的成果在国际上推广的能力，用英文撰写并发表论文，用英语在国际学术研讨会上宣读论文或进行讨论等。听说能力在国际交流活动中特别重要。然而，英语听说能力是许多高校非英语专业研究生语言能力的薄弱之处，极大地影响了学生未来的职业发展。因此需要对研究生英语听说教学进行改革，以解决研究生英语听说中存在的问题。近年来推出的“产出导向法”用于英语教学具有较好的实践意义（文秋芳，2013），可以用于研究生英语听说教学。

2. 产出导向法及其意义

我国外语界著名学者文秋芳在Krashen输入假设和Swain 输出假设（Swain，1985）基础上，研究构建具有中国特色的外语教学理论。她于2007年首次针对高校英语专业技能教学改革提出“输出驱动假设”（文秋芳，2008），2013年将该假设拓展到大学英语教学（文秋芳，2013），2015年7月她经过多次和中外学者的研讨，将“输出驱动假设”修定为Production-oriented Approach（POA），即“产出导向法”。POA倡导的“学用一体说”中，“学”指的是输入性学习，包括听和读；“用”指的是“产出”，包括说、写与译。该假设针对的是“教材中心”“课文至上”及教学实践中出现的“学用分离”弊端，主张“边学边用，学中用，用中学，学用结合”（文秋芳，2016）。该理论比Krashen输入假设和Swain 输出假设（Swain，1985）更进一步，强调学以致用。“产出导向法”是具有中国特色的大学外语课堂教学方法（文秋芳，2016）。

自从文秋芳2008 年在《外语界》发表《输出驱动假设与英语专业技能课程改革》一文以来，经过10多年的发展，“产出导向法”得到越来越多的外语教学研究者和实践者的认可和接受，专家学者在国际国内的教学研讨会和研修班上推介这一教学方法，越来越多的外语教师开始尝试在课堂上使用“产出导向”教学法（张文娟，2015；文秋芳，2016）。然而，以“产出导向法”为关键词在中国知网进行检索，结果发现对这一教学法的理论探讨以及实际应用多集中在大学英语和英语专业教学，关于非英语专业研究生英语教学的研究还很少。研究生公共英语教学与大学英语一样强调学以致用，强调英语运用能力的培养，因此完全可以将“产出导向法”英语教学法用于非英语专业研究生的英语教学中。

3. 农科研究生英语听说教学现状和原因

本人所在大学是一所具有农科特色的教育部直属全国重点大学，培养研究生的学科专业涉及多门学科，如农学、畜牧兽医学、管理学、哲学、理学、工学等10多个学科门类。在教育国际化的大背景下，学校积极鼓励研究生参加国际交流活动，经常邀请国外教授前来讲学，选派优秀研究生出国深造、与30多个国家和地区多所高水平大学、研究机构保持着学生联合培养和科研合作关系。

然而，笔者在多年的研究生英语教学中发现，研究生听说水平参差不齐，课堂上“哑巴英语”和“聋子英语”现象广泛存在，阻碍了学生参与国际交流。绝大多数学生已经学习了10年以上的英语，但是他们的听说水平却很低，不能满足国际交流的需要。近三年来，笔者连续对457名农科院校研究生新生进行调查时发现，能基本听懂外国专家讲课及讲座的学生仅为20.8%、听完讲座并能进行交流的只有13.3%。这些数字显示刚入学的研究生多数英语水平还不能达到国际交流的需要。

笔者认为主要有以下三个原因:

（1）在教学中发现学生之间英语水平差距较大：有些学生在本科阶段已经通过了大学英语四级或六级考试，甚至参加雅思或托福考试；有的学生本科阶段大学英语四级考试成绩，没有达到及格分。相当一部分学生，很长时间没有进行英语听说活动，英语听说水平已经大大下滑。

（2）由于近年来全国硕士研究生入学考试中的英语科目取消了听力考试，因此，一部分研究生对于英语听力学习比较懈怠，听力技能出现“僵化”或退化现象。

（3）在听说教学中重输入、轻输出，学用分离现象严重（文秋芳，2016）。许多学生表示：在他们大学英语听力课上，老师以放录音、对答案主导课堂，学生被动听讲。这种教学方式直接导致学生对输入信息缺乏兴致，不能全部理解信息，因此也欠缺产出能力。笔者所在学校考虑到农业学科的特点，采用本校任课教师参编的全国高等农林院校“十二五”规划教材，其中听力材料的难度与托福考试相似，大多学生感到难度大，学习很吃力，学习效果不太理想。

4. 基于“产出导向法”的非英语专业研究生英语听说教学设计

研究生课堂教学时间极其有限，而且研究生外语教学的课时在很多学校不断被压缩。笔者尝试“产出导向法”教学，解决课时少、学生口语水平参差不齐、听说课效果差等问题。产出导向法有三个核心环节：一是“驱动”环节；二是“促成”环节；三是“评价”环节（文秋芳，2015；张文娟，2016）。这三个核心环节是笔者教学设计和实践的基础。基于英语语言习得规律，以学生的学习要求和将来的职业需求为导向，设计课堂，激发他们的求知欲，促进任务再产出，教师再根据这一产出情况评价学生的学习效果（张文娟，2016）。

教学对象：本研究的受试对象为南京农业大学研究生一年级的47名学生，每周学时2课时，时长8周。

“产出导向法”研究生外语教学的三个核心环节的具体要求如下：

（1）驱动环节。教师明确本课程的教学目标，然后据此确定产出任务，并根据学生的英语水平差异设计内容和主题。考虑到学生水平差异大，教师以指导学生完成产出任务为原则，筛选输入材料，主要选用“美国之音”中农业科技英语栏目中的材料和自编教材。在学生课前进行个性化学习之前，教师指导学生掌握使用这些材料的方法和学习策略，要求学生在日志上记录学习内容，总结自主学习中遇到的问题，为课堂上参与输出活动做准备。同时，教师制定有效的激励机制，鼓励学生认真进行自主学习。

（2）促成环节。在课堂教学中，教师要求学生汇报课前自主学习情况。听力训练的目的是为了输出，帮助学生理解听得似懂非懂的问题。自主学习可以解决学生水平差异和课时不足的问题。学生按照自己的兴趣进行选材，根据自己的能力控制学习进度和训练输出。输出分为两个层次：一是单向表达输出。这一活动中，学生首先要选择合适的话题输入，选听“美国之音”中的农业相关的主题。学生已经掌握了相关学科的常用单词、词组、句型和表达方法，具有表达感兴趣的话题和相关题目的能力。语言输出时，学生已经可以用准确、得体的语言，有条理地阐述大概内容（王初明，2014）。同时，这些话题大都是关于农业领域的通识知识或农业相关的新闻，便于农科学生理解，积累语言知识，思维逻辑性和深刻性都会提高，学科知识也得到丰富。

二是双向交流输出：学生就分享的内容进行讨论，激发其他同学的兴趣并参与讨论。双向交流使学生在更真实的交流语境中全面提高英语口头表达能力（王初明，2014）。交流话题涉及农科专业并为普通人群津津乐道，容易激发同学们的兴趣。教师在课堂上随机抽查和小组活动结合。教师根据课前产出任务进行小组分工，在小组交流各自任务的产出过程中，教师指导或由学生推选优秀学生担任小组组长，引导学生练习产出。按老师指导，各小组进行成果展示，教师做出准确的评价和反馈，以使学生真正从中受益。

（3）评价环节。各小组展示时，要求其他学生认真听和看，积极参与评论。之后对小组的展示内容进行要点归纳，口头评价并打分。然后，教师总结、评论并解析学生不理解的信息，使所有学生都能学有所获。

在教学过程中，终结性评价与过程性评价相结合，师生共同评价（文秋芳，2016）。第一次上课就让学生明白具体要求，确立了由教师、学生共同参与打分的复合评价激励机制，将课堂输出和表现及课后自主学习全部纳入形成性评价范畴，并将这部分的分值比例提升至50%，期末终结性评价降至50%。教师在此过程中为每位学生建立学习档案，定期公布档案中的信息，以此来激励学生主动学习。

在“产出导向法”的教学中，教师的角色在不同阶段有所不同。教师是活动的组织者、促进者和评估者。通过师生面谈、课堂观察、学生反思、自评和互评、适度测试等手段对学生学习过程进行观察、监控和评估。教学过程中要留心学生的学习表现并记录在案，作为对学生平时成绩的考核，并及时给予帮助和学习策略指导（张文娟，2016）。例如，指导学生根据不同听力材料的标题推测听力内容的大意，指导他们如何联想推测听力内容，提醒他们注意听说中的发音规则，提高他们对于说话者的连读、吞音、失音等细节听音辨别的能力。指导他们根据听力材料进行分析、归纳，边听边记笔记，以帮助他们进行有效输出。

5. 教学效果

2018年3月和5月，笔者对所教的47名非英语专业一年级研究生进行两次听力测试。全国大学英语四、六级考试具有较高的测试信度和效度，同时考虑到学生的听力水平，所以研究中前测采用2016年6月大学英语四级听力A卷，后测使用B卷。为了测量受试者的听力理解水平，听力只播放一遍，受试的47名学生需要根据录音内容选择正确答案，最后一题要求学生听完复述。前测中仅36%的学生及格，平均分为56，能复述所听材料基本内容的仅有5位同学；后测平均分为81，有38位受试学生能复述所听文章。

表1 前后测听力考试结果

	听力平均分（满分 100）	听后基本复述人（总人数 47）
前测成绩	56	5
后测成绩	81	38

经过8周的教学实验，学生的听力和口语输出能力都有所提高，特别是输出能力提高很快。多数学生能够复述大意，并就话题进行讨论。

笔者通过课堂观察、学生的反思日记以及和学生交流，了解学生的学习感受和对教学的评价，发现学生总体认可“产出导向”教学法。笔者体会到产出比输入性学习更能激发学生的求知欲望和学习热情，更能够取得好的学习效果。（文秋芳，2015；王文娟，2016）一位同学这样写道："以前大学英语课比较枯燥，学到的东西都用不上，而这种方式学了就用，与专业相关。教学活动活泼有趣，又实用，有成就感。"

对比本科期间的大学英语课堂，一些学生意识到这一教学方法的特别之处:"以前听说课，主要是对答案，基本都做多选题，很少听说结合。""从不参与交流，现在上课有压力，也有动力，也有信心使用英语。""从来没这样学英语，这样学习很有用。""感谢老师push，push，提高了我们的信心，不惧怕听力了，也敢说了。""每天抽20分钟听一两段话，不贪多，从基本听不懂，到听一遍或两遍就能复述下来，以后会坚持的。"

90%的学生表示"收获很大"，体现在语言知识、专业知识与语言交际能力方面。在反思日志中，有学生记下了这样的学习感受:"因为每次课分享农业新闻和材料，课前和课上都要认真投入，听说都练，自己感到提高很快。好久没有这么认真学习啦，自己感到进步很大。""这种方法既学英语也学了交际技巧，又了解世界农业科技知识和最新发展动态，很有收获。"

另外，一些学生在反思日志中记录了每天学习的内容，每天听的时间和一些好词好句。许多学生都感到听与农业相关的内容，包括农业新闻和科技知识，了解国际最新动态，教学有相关的任务，又有丰富、有趣的学习材料，很有收获。了解农业通识作为语言教学的"副产品"，学生认为对他们未来职业发展很有帮助，能够"学以致用"了。

当然，在教学中也会面临一些问题和困难。笔者通过观察以及和学生交流发现，有少数学生在学期初的时候因为英语听说基础差，听不懂老师和同学讲的英语，同时专业学习任务重，练习时间少，所以在完成听力任务时经常无从下手，上课被要求分享所听内容时比较焦虑，也不太积极参与课堂输出和小组活动。老师课上鼓励他们与自己纵向比较，每天记下自己的进步。教师在课下加强与这些学生的沟通交流，除了督促学生加强以输入导出输出，更要帮助他们树立信心，改进学习方法。

在经过8周的教学实践后对学生进行调查表明：有80%以上的同学表示能够听懂并基本复述所听内容；98%的同学认为"产出导向法"英语听力教学有助于提高他们听和说的能力；94%的同学认为所学技能和内容对未来工作有帮助；所有学生都觉得自己有进步，将继续坚持这种学习方法。

6. 结语

“产出导向法”是本土化的大学英语教学法（文秋芳，2016；张文娟，2016）。这样的教学满足学生需求、社会需求和学科发展需求，帮助非英语专业研究生在教学课时少的情况下进行有效的英语学习，也可缓解入学时英语水平参差不齐带来的教学困难。这种教学方法可以培养学生以外语为工具进行本专业的学习和研究，通过最新网络资源更好地了解最新的学科动态，接触与本专业结合度较高的最新材料，将英语学习与专业学习融合起来，训练英语输出技能，学以致用（文秋芳，2014），进而有助于培养研究生毕业后的社会适应性。同时使用该方法要考虑学生的个体差异，如语言使用能力、语言学习需求、学习风格，充分调动学生的学习主动性，培养自主学习能力。

参考文献

Swain, M. 1985. Communicative competence: Some roles of comprehensible input and comprehensible output in its development [A]. In S. Gass & C. Madden (eds.). *Input in Second Language Acquisition* [C]. Rowley: Newbury House.

国家中长期教育改革和发展规划纲要工作小组办公室. 2010. 国家中长期教育改革和发展规划纲要 [Z]. 北京：人民出版社.

王初明. 2014. 内容要创造，语言要模仿——有效外语教学和学习的基本思路[J]. 外语界(2): 42-48.

文秋芳. 2008. 输出驱动假设与英语专业技能课程改革[J]. 外语界，2008, (2): 2-9.

文秋芳. 2013. 输出驱动假设在大学英语教学中的应用：思考与建议[J]. 外语界(6): 14-22.

文秋芳. 2014. 大学英语教学中通用英语与专用英语之争：问题与对策[J]. 外语与外语教学(1): 1-8.

文秋芳. 2014. 输出驱动－输入促成假设——构建大学外语课堂教学理论的尝试[J]. 中国外语教育(2): 3-12.

文秋芳. 2015. 构建“产出导向法”理论体系[J]. 外语教学与研究(4): 387-398.

文秋芳. 2016. “师生合作评价”，“产出导向法”创设的新评价形式[J]. 外语界(5): 37-43.

张文娟. 2015. 学以致用、用以促学——产出导向法“促成”环节的课堂教学尝试[J]. 中国外语教育(4): 10-17.

张文娟. 2016. 基于“产出导向法”的大学英语课堂教学实践[J]. 外语与外语教学(2): 106-114.

基金项目：2017年南京农业大学校级教改项目（项目编号2017Y031）

基于“产出导向法”的农科学生英语教学研究

2017年江苏省教改项目（项目编号2017JSJG523）

“双一流”坚实背景下高等农业院校大学英语课程体系改革与实践——基于多维度需求分析的研究

作者简介：

许家平，南京农业大学外语学院讲师，研究方向：外语教学、跨文化交际。Email: xjp@njau.edu.cn

曹新宇，南京农业大学外语学院副教授，研究方向：翻译史、翻译教学、中国现当代戏剧史。Email: caoxinyu@njau.edu.cn

殷玮，南京农业大学外语学院副教授，研究方向：英语文学、中国哲学、中西文化对比。Email: yinwei@njau.edu.cn

文理科博士生动名搭配使用错误的实证研究

王文宇 南京大学 李小撒 南京信息工程大学

【摘 要】 搭配的使用有助于提高二语产出的流利性和地道性。为了揭示高水平二语学习者在写作产出中的动名搭配使用问题，本研究分析了60篇文理科博士生的英语议论文写作语料，分析显示：在学生使用的动名搭配中，约有四分之一是错误的，其中局部错误显著多于整体错误；在整体错误内部，本身不合适的搭配（WCI）数量显著多于扩展的动词结构（SVC）；各类局部错误的出现频次也有显著差异，频次最高的是选词错误，特别是同义词的混用和泛义动词的过度使用。其次为形式错误（主要包括名词单复数错误和词性错误）与成分缺失问题（主要为冠词和介词缺失），成分多余与结构错误的出现频次最低。造成以上错误的原因包括母语影响、对泛义动词用法的误解、对搭配限定性及非实词成分的忽视等。基于以上结果，建议在二语教学中加强对搭配的重视，以帮助学生提高语言使用的地道性。

【关键词】 动名搭配；错误搭配；二语写作；博士生

搭配（collocation）是语言学领域重要的概念与研究内容之一。作为程式语（或语块）的重要组成部分，搭配在二语教学研究领域的重要性也逐渐得到认可，它能够帮助二语学习者有效提高语言产出的流利性与地道性（Wolter & Yamashita，2014）。然而，大量研究显示，搭配是二语学习中的一大难点，搭配错误在学习者所犯的错误中占有很高的比例（Fan，2009；Laufer & Waldman，2011；桂诗春、杨慧中，2003；张文忠、陈水池，2006）；其中，动名搭配（verb-noun collocations）错误的比例最高（夏立新等，2014；张文忠、杨士超，2009）。目前，国内有关动名搭配使用的研究大多以大学生为研究对象，较少关注硕士或博士研究生。研究生阶段的学习者在动名搭配使用上是否仍然存在问题、存在哪些问题？针对以上问题，本研究分析文理科博士生在二语写作产出中动名搭配的使用错误，并基于分析结果探讨博士生词语搭配能力的培养。

1. 研究背景

1.1 搭配的界定

自从J. R. Firth于20世纪50年代提出了搭配这一概念，对搭配的研究经历了近60年的发展，对搭配的界定却一直困扰着研究者（Nesselhauf，2005）。至今，学术界仍未达成一个统一的标准来定义搭配。总体而言，目前对搭配的界定研究主要有两大方法：基于频率的方法（frequency-based approach）与短语学方法（phraseological approach）；前者以频率与数据统计为根本，后者以语义分析为导向。

基于频率的研究方法注重从语料库取证，利用统计概率区分高频以及低频的词语共现关系（Sinclair，1991；Stubbs，2001）。Sinclair是此方向的代表人物。他将搭配定义为“the occurrence of two or more words within a short space of each other in a text”（1991: 170）。为此，他提出了一整套概念：如节点词（node），即要研究的词；跨距（span），即节点词前后大概四个词的距离；搭配词（collocate），即与节点词形成搭配的词。他认为节点词与搭配词具有相互吸引力（mutual attraction），并利用一套统计手段测量确定搭配关系。

与之相对，短语学研究方法不注重频率，而是将搭配作为一种词语组合（word combinations），关注如何科学区分搭配与其他类型的词语组合（Cowie，1992；Howarth，1998；Nesselhauf，2005）。例如，Cowie和Howarth将搭配定义成“a collocation is a familiar（or institutionalized），stored（or memorized）word combination with limited and arbitrary variation”（1996: 83）。Cowie（1992）还提出了区分搭配与其他词语组合的标准：透明性（transparency）及可代替性（commutability）。透明性指是否可以通过词语组合内部元素的字面义来推断整个组合的意义。可替代性指词语组合内部各元素是否可以被替换，以及在多大程度上可以被替换。根据这两条准则，Cowie将词语组合划分为四大类，即“自由组合（free combinations，如drink tea）”“限定性搭配（restricted collocations，如perform a task）”“比喻性习语（figurative idiom，如do a U-turn）”及“纯习语（pure idiom，如blow the gaff）”。其中，Cowie认为只有第二类（restricted collocations）才是搭配。短语学方向的大部分学者采用Cowie对搭配的界定标准，但也有学者（如Howarth，1998）对“自由组合”与“限定性搭配”不做区分，将这两类词语组合统称为搭配。

除了以上两种方法，对于搭配的界定还有其他方式。例如，Benson 等人（1997）把一些常用的配价结构（如suggest+-ing）包括在搭配里面，还有学者（如van der Wouden，1997）甚至把所有一定程度上具有限定性的词素组合（如cran-berry、ox-en）也纳入搭配。但这些方法未被广泛应用，大多数搭配研究对搭配的界定遵循频率原则或短语学理论。

1.2 搭配的实证研究

近20年来，在二语习得研究领域，有关学习者的搭配知识与搭配使用能力的实证研究发展迅速。从研究内容来看，主要针对三个话题：1）学习者搭配知识的掌握程度（Al-Zahrani，1998；Bahns & Eldaw，1993；Farghal & Obiedat，1995；Fernández & Schmitt，2015；Siyanova-Chanturia & Spinab，2015；刁琳琳，2004；黄强，2002；王启，2015；张文忠、陈水池，2006）；2）学习者搭配使用的特征与问题（Altenberg & Granger，2001；Chi et al.，1994；Cowie & Howarth，1996；Fan，2009；Granger，1998；Granger & Bestgen，2014；Howarth，1998；Laufer & Waldman，2011；Nesselhauf，2005；Parkinson，2015；Schmitt & Siyanova，2008；邓耀臣、肖德法，2005；濮建忠，2003；夏立新等，2014；张军、李文中，2004；张文忠、杨士超，2009）；3）学习者搭配知识与能力的发展模式（Gitsaki，1999；Siyanova-Chanturia，2015；孙海燕、陈永捷，2006；谭晓晨，2006；王海华、陈国华，2007；张文忠、陈水池，2006）。在研究方法上，大体有两种方法：1）采用启发式测试（elicitation tests）考察学习者的搭配知识与能力，测试任务包括填空、判断、翻译等；2）收集产出数据（主要是写作语料）或利用现成的语料库分析学习者的搭配使用特征与问题。这些研究都一致显示出学习者搭配知识的掌握程度不够高、搭配使用能力也不够强。而在所有类型的搭配中，动名搭配是学习者最大的困难。

针对动名搭配的使用，Laufer 和 Waldman（2011）收集以色列从中学到大学三个英语水平组学生的议论文与描述文写作语料，分析其中的限定性动名搭配，发现近三分之一的搭配存在问题。Nesselhauf（2003，2005）选取“国际学习者语料库”（ICLE）里的德语学习者子库（即母语为德语的大学三、四年级学生的议论文与描述文写作语料），分析其中的VO结构动名搭配。分析表明，大约四分之一的动名搭配为错误搭配，造成错误的原因主要是母语影响以及对搭配知识的掌握不够。Howarth（1998）分析了十篇硕士论文里VO结构的限定性动名搭配，结果显示即使是高水平的学习者仍然缺乏搭配知识，表现出混用搭配的问题。此外，基于对“中国学习者英语语料库”（CLEC）的分析，国内相关研究也一致显示，中国学习者在动名搭配的适当性上存在问题，而母语迁移、忽略搭配的结构或语义限制以及误用目标语规则等是造成搭配错误的重要原因（夏立新等，2014；张军、李文中，2004；张文忠、杨士超，2009）。

总体而言，有关动名搭配的研究数量还不多，特别是针对中国学生动名搭配使用问题的研究更少。而且，目前国内动名搭配研究大多以大学生为研究对象，较少关注硕士或博士研究生。为了分析研究生阶段的学习者在动名搭配使用方面的情况，本项研究收集文理科博士生的议论文写作语料，并分析其中的动名搭配使用错误，以考察高水平二语学习者的动名搭配掌握情况。

2. 研究方法

2.1 语料收集

本研究分析的英语写作语料为60名南京大学一年级博士生的课后作文。学生的专业背景包括十个理科学科（数学、物理、电子、生物、化学、地理、地科、环科、医学、计算机）与九个文科学科（哲学、历史、中文、教育、商学、法学、信管、政治学、社会学）。本次写作任务的要求如下：

A recent survey by the China Association for Science and Technology has showed that nearly half of the science-related workers in China's research institutes, universities, medical institutes and hospitals think academic cheating (including plagiarism and fabrication) is “common.” Cheating has appeared to be a big headache for the Chinese academic circle. What do you think are the possible ways to solve this problem? Please write an essay of about 300 words to discuss this issue.

2.2 语料分析

语料分析的第一步是界定并提取动名搭配。本项研究对于搭配的界定遵循短语学传统，将搭配定义为“在某种特定语法型式下的词语组合（a type of word combination in a certain grammatical pattern）”（Nesselhauf, 2005: 25）。根据此定义，首先人工标注写作语料中出现的动名结构。原则上，语料中所有的动名结构都予以标注，但直接引用部分（direct quotations）出现的动名结构除外。然后提取所有标注过的动名结构，并通过查阅相关词典（如*BBI Dictionary of English Word Combinations*）及大型本族语语料库（如British National Corpus）确定哪些是正确的动名搭配，未在词典及语料库中出现的搭配则界定为错误搭配。之后，所有正确与错误的动名搭配清单交给两名本族语者（一名美国人，一名英国人）进行确认。

对动名搭配的界定与提取完成之后，我们统计了正确与错误动名搭配的出现频数，并计算错误的动名搭配所占比例。同时，为了了解学生在动名搭配使用上的具体问题，我们对提取的错误动名搭配进行了分类，分类的主体框架参照Nesselhauf（2005）的研究。首先将搭配错误分为整体错误（global errors）与局部错误（local errors）两类，前者指整个搭配是错误的，而后者是搭配的某个具体组成部分有问题。接着，整体错误再细分为两类：一类是以扩展的动词结构代替单个动词（SVC: stretched verb construction for verb），另一类是搭配本身不合适（WCI: whole collocation inappropriate）；同样，局部错误也进一步细分为选词错误、形式错误、结构错误、成分缺失、成分多余共五类错误（见表1）。对于各类错误的出现频数，我们也进行了统计，并运用社会科学统计软件SPSS检验各类错误出现频率之间是否存在显著差异。

表1 错误搭配的分类与示例

整体错误	扩展结构（SVC）	make a cheating (cheat)
	整体不当（WCI）	break the honor (ruin the reputation)
局部错误	选词错误	learn knowledge (acquire knowledge)
	形式错误	publish article (publish articles)
	结构错误	use check plagiarism software (use plagiarism-checking software)
	成分缺失	care the problem (care about the problem)
	成分多余	lead to academic corruption practices (lead to academic corruption)

注：示例部分括号里给出的是正确形式

3. 研究结果与讨论

首先，我们统计了作文语料中正确搭配与错误搭配的出现频次。结果显示，60篇作文中出现的正确动名搭配频次为1427、错误动名搭配频次为506，动名搭配使用的错误率平均为26%（见表2），这一数值与Nesselhauf（2003）所研究的VO结构动名搭配的错误率极为接近（25%），但低于Laufer 和 Waldman（2011）研究的限定性动名搭配的错误率（33%）。究其原因，本项研究的对象为博士生，他们的英语水平与Nesselhauf所研究的德国大学三、四年级学生的英语水平较为接近，因此两项研究结果一致；而Laufer 和 Waldman的研究对象包括中学生与大学生两类，平均英语水平略低，因此其错误率略高。另外，在本次分析的作文语料中，动名搭配错误率的最小值与最大值相差较大，有的学生错误率高达50%，而有的学生错误率不到10%，说明本次研究的博士生在动名搭配的掌握程度上差异较大。

表2 正确与错误动名搭配的频数与比例

动名搭配总频数	正确搭配频数（比例）	错误搭配频数（比例）
1933	1427（74%）	506（26%）

为了了解博士生在动名搭配使用上的具体问题，我们对各类错误进行了定量与定性的分析。定量分析显示（表3）：学生的局部错误显著多于整体错误（x^2 = 2.312, df = 1, p =.000）；在整体错误内部，本身不合适的搭配（WCI）多于扩展的动词结构（SVC），两者的频次存在显著差异（x^2 = 14.098, df = 1, p =.000）；同样，在五类局部错误中，选词错误出现频次最高，远远多于其他错误，其次为形式错误和成分缺失，成分多余与结构错误出现频次最低，五类错误出现频数间存在显著差异（x^2 =3.139, df = 4, p =.000）。这些结果与已有研究发现基本一致（Nesselhauf，2003，2005）。

表3 各类错误搭配的出现频次

整体错误	整体不当（WCI）	58	82
	扩展结构（SVC）	24	
局部错误	选词错误	222	424
	形式错误	90	
	成分缺失	60	
	成分多余	37	
	结构错误	15	

对整体错误的定性分析显示，整体不当的搭配几乎都是学生自创的，如risk danger、break the honor、create false data、create a good style of study、own noble morals、have his title of a technical post promoted等，其正确形式分别为take a risk、ruin the reputation、fabricate data、form a good habit、have a noble moral character、get promoted。这些自创的动名搭配显示出学生在遣词造句时受到汉语的影响，将汉语短语直接翻译成英语，如risk danger（“冒险”）、create false data（“造假数据”）、own noble morals（“拥有高尚品格”）。可见，母语影响是造成整体搭配错误的一个重要原因（Fan，2009；Laufer & Waldman，2011）。另外，扩展结构错误搭配主要集中于cheating、plagiarism、fabrication这几个词，如make academic cheating、do academic cheating、have the academic cheating activities、make plagiarisms、do academic plagiarism、have plagiarisms、make fabrications、have fabrications等，这些搭配完全可以被单个动词cheat、plagiarize、fabricate代替，这说明学生有过分使用do、have、make这几个泛义动词（general verbs）的倾向。这些泛义动词也被称为虚化动词（delexicalized verbs），它们本身没有明确的词语意义，其意义存在于搭配关系中。因为这些词语义不明确，容易被学习者过度使用（Altenberg & Grange，2001；Wang & Shaw，2008；邓耀臣、肖德法，2005）。

在局部错误中，选词错误的出现频次最高（222）。而在选词错误中，有相当数量的错误是近义词的混用。首先，学生混用语义相关的动词（semantically related verbs），产出了*learn* knowledge、*solve* plagiarism、*perfect* the regulations、*accept* academic ethics education、*reject* the temptation、*measure* the thesis、*damage* the author's rights、*obey* publishing ethics、*spend* energy into doing research、*decrease* the income gap等错误搭配，其正

确形式应为*acquire* knowledge、*prevent* plagiarism、*improve* the regulations、*receive* academic ethics education、*resist* the temptation、*evaluate* the thesis、*violate* the author's rights、*comply with* publishing ethics、*invest* energy into doing research、*narrow* the income gap。混用语义相关的动词不仅在中国学生中较为普遍，在其他国家的学习者中也很常见（Howarth，1998；Nesselhauf，2003，2005）。这显示出学习者的一个误解：他们以为意义相近的动词可以自由替换。事实上，这些词在语义上并不完全对等，而且与其搭配的名词也时常不一样（Howarth，1998）。

其次，对于意义相近的名词，学生也自由替换使用，产出了错误的搭配，如adopt *ways*、take *solutions*、prevent *fraud*、lose their academic *fame*、get *foundations*、get higher *payment*、achieve an academic *product*、keep academic *honesty*、reduce *opportunities* for cheating等，其正确形式为adopt *methods*、take *measures*、prevent *plagiarism*、lose their academic *reputation*、get *funds*、get higher *salary*、achieve an academic *result*、keep academic *integrity*、reduce *chances* for cheating。这再次表明意义相近的词，不管是动词还是名词，都易造成错误搭配的产生（Nesselhauf，2005）。同样，对于类似的量词，部分学生也不加辨别地使用，产出了诸如finish a certain *amount* of papers、publish a great *deal* of SCI papers之类的搭配，其正确形式应为finish a certain *number* of papers、publish a great *number* of SCI papers，说明这些学生在量词的选择上忽视了名词是否可数对量词的限制。

选词错误中另一类出现频率较高的错误是泛义动词（如have、make、do）的过度使用。学生过度使用泛义动词，特别是make这个词，产出了*make* a cheating-free campus、*make* a deadline、*make* a clear definition、*make* strict punishment等错误搭配，其正确形式应为*build* a cheating-free campus、*set* a deadline、*give* a clear definition、*impose* strict punishment。国内外现有研究一致显示学习者有过度使用泛义动词的趋势（Chi et al.，1994；Lombard，1997；Nesselhauf，2005；邓耀臣、肖德法，2005），而且Nesselhauf（2005）也发现 make最易被过度使用。二语学习者一般都缺乏有关搭配可能性与限定性（collocation possibilities and restrictions）的知识（Lennon，1996），而以上搭配错误说明即使是高水平的学习者（博士生）对于此方面的知识仍然了解不够，他们很可能认为make之类的泛义动词是“万金油”，可以跟名词任意搭配。

局部错误中出现频次第二高的是形式错误（90），其中名词的单复数问题较为突出。有的是名词复数形式的缺失，如publish *article*、write *reference*、document *source*、get *bonus*、take *risk*、violate academic *regulation*、take effective *measure*、apply for *project*、deal with *matter*、guide their *student*等，还有的是不可数名词以复数形式出现，如lose the *respects* from others、detect academic *misconducts*、do *researches*、do academic *works*、give *advices* to students等。可见，名词的单复数错误对于母语不区分名词单复数形式的二语学习者较为普遍（Wang & Shaw，2008），即使是高水平的学习者在此方面仍有问题。另一大形式方面的问题是词性错误，有些学生将形容词、动词当作名词使用，如emphasize academic *honest*、build up a reasonable *promote* system、prohibit *plagiarize*、investigate their *behave*、need every researcher's *conscious*等，或将名词当作动词用，如*effect* their students、*infringement* the intellectual property等，这说明部分博士生的语法能力不够强。

在局部错误中，出现频次仅次于形式错误的是成分缺失问题（60），缺失的部分主要是不定冠词，如have good future、become consensus、get promotion、give bad impression to、construct healthy social environment、adopt new evaluation system、have evil effect、possess advanced degree、set up effective supervision system、establish academic ethics committee等。对于中国学生而言，由于英、汉语之间的差异及冠词表达指称的复杂性，冠词是英语学习中的一大难点（刘艾娟等，2013），有研究甚至指出冠词难以被中国学生完全习得（邵士洋、吴庄，2017）。本次研究的博士生表现出的不定冠词缺失问题再次表明冠词给学习者带来了很大的习得困难。另外，当动名搭配为VPO结构时，有时会出现介词缺失的情况，如care（about）the problem、worry（about）the money、carry（out）supervision，leads（to）this bad situation、caution（against）academic cheating、abide（by）the academic morality、think（over）this problem、apply（for）funds等。相关研究（Nesselhauf，2003，2005；张文忠、杨士超，2009）曾指出学习者在学习动名搭配时容易忽视其中的非实词成分（介词或限定词），由此可以推测博士生在最初学习短语动词（phrasal verb）时有可能忽视了其中的介词成分，并在长期使用错误形式的过程中将错误固化，因而出现了介词缺失问题。

在局部错误中，出现频次较低是成分多余（37）和结构错误（15）两类。这两类错误均集中于动名搭配的名词部分，特别是当此部分非简单名词而是名词短语时，容易出现成分多余或结构错误。成分多余主要表现为两种情况：一是使用意义重复的名词，如damage our academic atmosphere *environment*、lead to academic corruption *practices*等，其中environment 和practices与前面的词语意义重复；二是“名词肿胀”，如enhance *the building of* academic morality、strengthen *the construction of* academic and moral code of conduct、prohibit *the phenomenon of* black box operation，名词部分过长且被抽象名词（building、construction、phenomenon）占据要位。这两种多余现象都属于中式英语，虽然在语法上没问题，但不符合英语的修辞原则，读上去不地道（Pinkham，2013）。同样，名词部分的结构错误，如reverse the academic cheating trend（正确形式为reverse the trend of academic cheating）、use check plagiarism software（正确形式为use plagiarism-checking software）、solve the academic cheating problem（正确形式为solve the problem of academic cheating）等，是汉语短语的直译，也体现出中式英语的特点。

4. 结论与启示

本研究分析了60篇文理科博士生的二语写作语料，分析显示：在学生使用的动名搭配中，约有四分之一是错误的，其中局部错误远远多于整体错误；在整体错误内部，本身不合适的搭配（WCI）数量多于扩展的动词结构（SVC）；在各类局部错误中，频次最高的是选词错误，特别是同义词的混用和泛义动词的过度使用，其次为形式错误（主要包括名词单复数错误和词性错误）与成分缺失问题（主要为冠词和介词缺失），成分多余与结构错误的出现频次最低。总体而言，以上结果表明即使是高水平学习者对动名搭配的掌握仍有待提高。

近年来，有学者提出在二语教学中采用词汇教学法（lexical approach），强调词语搭配的重要性（Lewis，1993；Sinclair，1991）。他们认为，构成语言的是语法化的词汇，而不是词汇化的语法。在母语交际中，语言使用者通常并不是基于“开放选择原则”，按照语法规则的要求逐词填充式地选择词汇，而是主要基于“成语原则”，选择合适的词语搭配来实现意义（Sinclair，1991）。对于二语学习者，他们在言语交际中往往交替使用两种编码方式：一种以语法为基础，属于规则型（rule-based），另一种以词语搭配为基础，属于范例型（instance-based）；规则型编码系统的运作需要较多的计算资源，无法满足即时交际的需要，而以词语搭配为基础的范例型编码系统则不需要太多的计算资源，可以大大减缓即时交际的压力、保证交际的流畅进行（Sinclair，1991；Skehan，1998）。可见，掌握一定数量的词语搭配有助于提高二语交际的自动化程度，改善言语交际的流利性。另外，搭配的使用是语言地道的关键，对学习者而言，搭配的使用有助于缩小他们在词语选用方面同本族语者的差距，使他们的词语选用更加地道（Wray，2000）。

然而，一直以来词语搭配在二语课堂教学与教材编写中未得到足够的重视（Nesselhauf，2005）。国内外相关研究一致表明二语学习者搭配知识的掌握程度不够高、搭配使用能力也不够强，本次研究结果也再次验证了以上结论。因此，有必要在二语教学中进一步强调搭配的重要性。首先，我们建议教师在教学中采用各种方法帮助学生注意并习得词汇的搭配形式与用法。例如，教师可以运用本族语语料库，指导学生通过对真实语料的观察、分析与归纳，总结出词语的典型搭配行为，这样可以有效提高学生对于搭配可能性的认识。同时，教师还可以引导学生注意近义词在意义上的细微差别及其不同的搭配形式，使其更好地了解到搭配的限定性。而且，鉴于母语影响是造成搭配错误的主要原因之一，教师需通过讲解中英文词语搭配的特点与差异，帮助学生尽量减少母语的干扰，更有效地学习和掌握词汇搭配。当然，教师也可以选用学生作文语料中出现的中式搭配错误进行讲解，这样更有针对性，学生的印象也更深刻。另外，教师需引导学生注意搭配使用的具体语境，帮助他们减少对泛义动词的依赖，多用具体动词，使表达更贴切、更多样。最后，教师还应提醒学生在学习词语搭配时不要忽视其中的非实词成分，这样有助于学生将搭配作为一个整体来习得，从而有效提高产出的准确性与地道性。

参考文献

Altenberg, B. & S. Granger. 2001. The grammatical and lexical patterning of "make" in native and non-native student writing [J]. *Applied Linguistics* 22 (2): 173-194.

Al-Zahrani, M. S. 1998. Knowledge of English lexical collocations among male Saudi college students majoring in English at a Saudi University [D]. Unpublished doctoral dissertation. Pennsylvania: Indiana University of Pennsylvania.

Bahns, J. & M. Eldaw. 1993. Should we teach EFL students collocations? [J].

System 21(1): 101-114.

Benson, M., E. Benson & R. Ilson. 1997. *The BBI Dictionary of English Word Combinations* [M]. Amsterdam: Benjamins.

Chi, M. L., P. Y. Wong & C. P. Wong. 1994. Collocational problems amongst ESL learners: A corpus-based study [A]. In L. Flowerdew & A. K. Tong (eds.). *Entering Text* [C]. Hong Kong: University of Science and Technology. 157-165.

Cowie, A. P. 1992. Multiword lexical units and communicative language teaching [A]. In P. Alnaud & B. Joint (eds.). *Vocabulary and Applied Linguistics* [C]. London: McMillan. 1-12.

Cowie, A. P. & P. Howarth. 1996. Phraseological Competence and written proficiency [A]. In G. M. Blue & R. Mitchell (eds.). *Language and Education* [C]. Clevedon: Multilingual Matters. 80-93.

Fan, M. 2009. An exploratory study of collocational use by ESL students: A task based approach [J]. *System* 37(1): 110-123.

Farghal, M. & H. Obiedat. 1995. Collocations: A neglected variable in EFL. *IRAL* 33(4): 315-333.

Fernández, B. G. & N. Schmitt. 2015. How much collocation knowledge do L2 learners have? The effects of frequency and amount of exposure [J]. *International Journal of Applied Linguistics* 166(1): 94-126.

Gitsaki, C. 1999. *Second Language Lexical Acquisition: A study of the development of collocations* [M]. Maryland: International Scholars Publications.

Granger, S. 1998. Prefabricated patterns in advanced EFL writing: Collocations and formulae [A]. In A. P. Cowie (ed.). *Phraseology: Theory, analysis and application* [C]. Oxford: Oxford University Press. 145-160.

Granger, S. & Y. Bestgen. 2014. The use of collocations by intermediate vs. advanced non-native writers: A bigrambased study [J]. *International Review of Applied Linguistics in Language Teaching* 52: 229-252.

Howarth, P. 1998. Phraseology and second language proficiency [J]. *Applied Linguistics* 19(1): 24-44.

Laufer, B. & T. Waldman. 2011. Verb-Noun collocations in second language writing: A corpus analysis of learners' English [J]. *Language Learning* 61(2): 647-672.

Lennon, P. 1996. Getting "easy" verbs wrong at the advanced level [J]. *International Review of Applied Linguistics* 34(1): 23-36.

Lewis, M. 1993. *The Lexical Approach: The State of ELT and a Way Forward* [M]. Hove, UK: Language Teaching Publications.

Lombard, R.J. 1997. Non-native speaker collocations: A corpus-driven characterization from the writing of native speakers of Mandarin [D]. Unpublished doctoral dissertation. Texas: University of Texas at Arlington.

Nesselhauf, N. 2003. The use of collocations by advanced learners of English and some implications for teaching [J]. *Applied Linguistics* 24(2): 223-242.

Nesselhauf, N. 2005. *Collocation in a Learner Corpus* [M]. Amsterdam: John Benjamins.

Parkinson, J. 2015. Noun-noun collocations in learner writing [J]. *Journal of English for Academic Purposes* 20: 103-113.

Pinkham, J. 2013. *The Translator's Guide to Chinglish* [M]. Beijing: Foreign Language Teaching and Research Press.

Skehan, P. 1998. *A Cognitive Approach to Language Learning* [M]. Oxford: Oxford University Press.

Schmitt, N. & A. Siyanova. 2008. L2 learner production and processing of collocation: a muti-study perspective [J]. *The Canadian Modern Language Review* 64(3): 429-458.

Sinclair, J. 1991. *Corpus, Concordance and Collocation* [M]. Oxford: Oxford University Press.

Siyanova-Chanturia, A. 2015. Collocation in beginner learner writing: A longitudinal study [J]. *System* 53: 148-160.

Siyanova-Chanturia, A. & S. Spinab. 2015. Investigation of native speaker and second language learner intuition of collocation frequency [J]. *Language Learning* 6(3): 533-562.

Stubbs, M. 2001. *Words and Phrases: Corpus Studies of Lexical Semantics* [M]. Oxford: Blackwell.

van der Wouden, T. 1997. *Negative Contexts: Collocation, Polarity and Multiple*

Negation [M]. London: Routledge.

Wang, Y. & P. Shaw. 2008. Transfer and universality: Collocation use in advanced Chinese and Swedish learners English [J]. *ICAME Journal* 32: 201-232.

Wray, A. 2000. Formulaic sequences in second language teaching: Principle and practice [J]. *Applied Linguistics* 21(4): 463-489.

Wolter, B. & J. Yamashita. 2014. Processing collocations in a second language: A case of first language activation? [J]. *Applied Psycholinguistics* 36(5): 1193-1221.

邓耀臣、肖德法. 2005. 中国大学生英语虚化动词搭配型式研究[J]. 外语与外语教学(7): 7-10.

刁琳琳. 2004. 英语本科生词块能力调查[J]. 解放军外国语学院学报(4): 35-38.

桂诗春、杨慧中. 2003. 中国学习者英语语料库[M]. 上海：上海外语教育出版社.

黄强. 2002. 高年级英语学生词汇搭配习得的实证性研究[J]. 解放军外国语学院学报(4): 73-76.

刘艾娟、戴曼纯、李芝. 2013. 特征组装视角的英语冠词习得研究[J]. 外语教学与研究(3): 385-397.

濮建忠. 2003. 英语词汇教学中的类联接、搭配及词块[J]. 外语教学与研究(6): 438-445.

邵士洋、吴庄. 2017. 语言接口视角下中国学生英语冠词习得研究[J]. 现代外语(4): 552-563.

孙海燕、陈永捷. 2006. 中国英语学习者名词类联接的发展特征——基于赋码语料库的研究[J]. 外语教学与研究(4): 272-278.

谭晓晨. 2006. 英语词汇深度知识习得过程初探——一项基于词义与搭配的研究[J]. 解放军外国语学院学报(3): 50-53.

王海华、陈国华. 2007. 中国学习者使用英语强势词搭配的发展特点[J]. 外国语(1): 52-58.

王启. 2015. 中低水平二语学习者高频普通二语搭配的心理现实性[J]. 现代外语(2): 206-216.

夏立新、夏韵、李茜. 2014. 基于语料库的中国英语学习者动名搭配行为特征的研究——Ability的个案研究[J]. 外语教学(1): 68-72.

张军、李文中. 2004. COLEC中动名搭配模式及失误分析[J]. 外语教学(4): 30-32.

张文忠、陈水池. 2006. EFL 学习者习得英语形—名搭配知识的定量研究[J]. 外语教学与研究(3): 251-158.

张文忠、杨士超. 2009. 中国学习者英语语料库中动名搭配错误研究[J]. 解放军外国语学院学报(2): 39-44.

作者简介:

第一作者：王文宇，南京大学大学外语部教授。研究方向：二语习得。Email: wywang@nju.edu.cn

第二作者：李小撒，南京信息工程大学语言与文化学院副教授。研究方向：二语习得。Email: 1589507279@qq.com

教学方案

北京大学大学英语教学方案——以通识教育为视角

李淑静　田剪秋　张　敏　马小琦　北京大学

【摘　要】为响应北京大学“以立德树人为根本，培养引领未来的人”的人才培养目标，贯彻学校提出的以学生成长为中心，加强基础、促进交叉、尊重选择、卓越教学的教育方针，2016年起，北京大学在全校范围内开展了大学英语教学方案改革。新方案以通识教育与专业教育相结合为理论基础，以《大学英语教学指南（送审稿）》、北京大学人才培养理念为顶层设计依据，在教学目标、教学体系、课程设置、评价体系、教学管理等多方面显现出鲜明特征，有效推进了多样化的人才培养，推进了国际化一流大学建设进程。

【关键词】大学英语；教学方案；通识教育；多样化人才培养体系

1. 方案背景

北京大学是综合性研究型大学，采用多样化人才培养体系，进行开放探索式教育。顺应当下知识、科技与经济社会的融合渗透以及大学发展与社会进步的互动影响空前紧密的形势，近期学校提出“以立德树人为根本，培养引领未来的人”的人才培养目标。为实现这一目标，学校提出以学生成长为中心，加强基础、促进交叉、尊重选择、卓越教学的教育方针。贯彻这一方针的关键在于树立通识教育与专业教育相结合的教学理念，为学生提供多模式、多样化、灵活性的选择，把教学方式由“以教为中心”转变为“以学为中心”。

通识教育在欧美各国有着悠久的历史，通识教育是整个教育的一部分，该部分旨在培养学生成为一个负责任的人和公民（哈佛委员会，2010）。20世纪80年代以来，通识教育在国内得到了广泛的发展和认可。通识教育作为高等教育的重要组成部分，旨在传授广博的知识，培养独立完善的人格和优雅的气质，使人不仅获得专业技能，而且陶冶品学才识，成为完全的人（李淑静，2015）。

大学英语是北京大学非英语专业学生在本科教育阶段必修的公共基础课程之一。北大的多样化人才培养体系，一方面要求压缩英语课程学分，另一方面也要求英语课程为学生提供多种选择。为此，大学英语课程要做到课时少而课程精，兼顾英语的工具性和人文性。偏工具性的专门用途英语类课程同时注重学生对文化的理解，而偏人文性的文学和文化课程也培养学生的英语综合应用能力。作为北京大学通识教育的有机组成部分，大学英语把北大“引领未来的人”的培养目标要求的全部能力——表达能力、跨文化交际能力、领导力、批判思维、沟通合作和创造性能力——的培养贯穿于全部英语课程。

在教学条件方面，学校除具有多种适合语言教学的教室外，还购置了Blackboard网络教学系统对课内外学习提供支持。此外，我们还购置了多种专用学习软件供学生进行英语学习。教室类型包括语音教室、多媒体教室以及研讨型教室等。专用学习软件包括批改网、专用语音和阅读教学软件等。除这些软、硬件的条件外，学校为学生提供的科研条件、密切的国际合作以及学生社团等活动为学生提供了丰富的英语实践机会。学生可以通过赴英语国家进行交换学习、参加国际会议、模拟联合国活动等提升英语水平。此外，我们还鼓励学生参与英语演讲、辩论、阅读、写作等各种比赛，以此为契机激发学生学习英语的积极性。

北京大学还拥有一支师德高尚、业务精湛的高素质专业化大学英语教学科研队伍。现有专职教师40人，50岁以上的教师14人，占35%；50岁以下的教师26人，占65%。具有高级或副高级职称的教师共有26名，占教师总数的65%。全部教师学位在硕士以上，其中具有博士学位者18人，占教师总数的45%。此外，我们每学年聘请7位左右常规学期外教以及10位左右暑期外教进行大学英语教学。

2. 改革历程

北京大学的大学英语教改历程主要分为三个阶段，节点分别为2003年、2005年和2015年。2003年初，教育部发出了改革大学英语教学模式的号召，同年9月秋季学期，北京大学教务部统一部署调整学分，减少大学英语课程的学时。在这样的背景下，北京大学大学英语开始探索“课堂面授+学生网络自主学习”的教学模式，在课堂学时缩减为每周2学时的情况下保证教学质量，取得了良好效果。北京大学于2003年入选教育部大学英语教学改革试点单位，《大学英语综合课程》先后被评为北京市精品课程（2004年）和国家级精品课程（2005年）。

自2005年起，北京大学围绕国际化创新型高素质人才的培养目标，结合北京大学的人文传统，进一步明确了以培养学生人文综合素质为导向，加强英语综合应用能力和跨文化交际能力为目的的大学英语教学理念。在教学实践中，我们继续认真贯彻北大“加强基础、因材施教、培养拔尖创新人才”的本科教学思想，不断优化课程设置，在持续的教育信息化建设和师资队伍培养的保障下，完善了课程体系和教学模式。在这个阶段，北京大学大学英语课程由基础综合课程和多种门类的选修提高课程组成，具有《大学英语教学指南（送审稿）》分类框架中的全部课程类别，形成了比较完备的课程体系。此外，我们还努力使英语教学朝着“个性化”的方向发展，为具有不同英语水平、不同学科兴趣、不同学习风格的学生提供了系统的以网络与多媒体技术为辅助的课程和教学模式，初步形成了具有北京大学特色的大学英语课程体系和教学模式。北京大学大学英语于2006年入选教育部首批大学英语教学改革示范点并于2008年通过教育部的检查验收。

2015年，教育部高等学校大学外语教学指导委员会制定了《大学英语教学指南（送审稿）》，同时北京大学发出进一步深化大学英语教学改革的号召。为此，我们实施了新一轮课程体系改革项目，大幅削减基础阶段的综合课程，代之以更加适应个性化教学的专题课程，并把专题课程按语言级别和课程类别划分为若干模块。此外，我们还针对不同英语入学水平的学生，制定不同的教学目标，进一步开展个性化教学。在这一轮改革中，北京大学大学英语创立了弹性学分、分级分类、模块化、个性化的课程体系，全面贯彻北京大学“加强基础、促进交叉、尊重选择、卓越教学”的新16字教育方针。该课程体系于2016年秋季学期开始正式运行，适用于2016级（含）之后入学的学生。为保证这套课程体系的顺利实施，我们配备了精干的教师队伍担任模块化课程的教学工作，并且制定了比较完备的教学管理办法，目前该体系已顺利实施，运转良好。

3. 大学英语教学目标

为服务学校培养“引领未来的人”的人才培养目标，北京大学大学英语教学目标在《大学英语教学指南（送审稿）》规定的三级教学目标的基础上，还增加了完善级别教学目标，培养学生的批判性思维能力等要素。

《大学英语教学指南（送审稿）》规定“大学英语的教学目标是培养学生的英语应用能力，增强跨文化交际意识和交际能力，同时发展自主学习能力，提高综合文化素养，使他们在学习、生活、社会交往和今后的工作中能够有效地使用英语，满足国家、社会、学校和个人发展的需要”。具体来说，大学英语教学以英语的实际使用为导向，以培养学生的英语应用能力为重点。英语应用能力是指用英语在学校、生活和未来工作中进行沟通、交流和做事的能力。大学英语在注重发展学生通用语言能力的同时，应进一步增强其学术英语或职业英语交流能力和跨文化交际能力，以使学生在日常生活、专业学习和职业岗位等不同语境或领域中能够用英语有效地进行交流。

在此基础上，北京大学大学英语还着重强调通过高级语言实践活动培养学生的批判性思维能力。批判性思维包括解释、分析、评估、推论、说明、自我校准等。具体来说，解释是指理解和表达极为多样的经验、情景、数据、事件、判断、习俗、信念、规则、程序或规范的含义或意义。子技能包括归类、理解意义和澄清含义。分析是指识别意图和陈述之间实际的推论关系、问题、概念、描述或其他意在表达信念、判断、经验、理由、信息或意见的表征形式。子技能包括审查理念、发现论证和分析论证。评估是指评价陈述的可信性或其他关于个人的感知、经验、境遇、判断、信念或意见的描述；评价陈述、描述、问题或其他表征形式之间实际的或意欲的推论关系的逻辑力量。子技能包括评价主张、评价论证。推论是指识别和维护得出合理结论所需要的因素，形成猜想和假说，考虑相关信息并根据数据、陈述、原则、证据、判断、信念、意见、概念、描述、问题或其他表征形式得出结果。子技能包括质疑证据、推测选择和推出结论。说明是指能够陈述推论的结果，应用证据的、概念的、方法论的、规范的和语境的术语说明推论是正当的，并以强有力的论证形式表达论证。子技能包括陈述结果、证明程序的正当性和表达论证。自我校准是指监控一个人认知行为的自我意识、应用于这些行为中的因素，特别是在分析和评估一个人自己的推论性判断中应用技能导出结果，勇于质疑、确证、确认或改正一个人的推论或结果。子技能包括自我审查、自我校正。

根据北京大学学生英语入学水平的现状和学校人才培养目标，大学英语教学目标分为基础、提高、发展和完善四个等级。基础目标的教学要求主要针对高考英语成绩合格的学生，是全部学生本科毕业时应达到的基本要求。提高目标和发展目标的教学要求分别针对大学入学时英语已经达到较好水平的学生。我们大部分学生入学时英语水平较好，对英语应用能力和深度思维能力的要求较高，因此这两个级别的要求也是我们对大多数学生的要求。此外，我们还把三个级别与《欧洲语言共同参考框架：学习、教学、评估》接轨，分别采用A、B、C来对应基础、提高和发展级别。在这三个级别之上，我们还增加了完善等级（用C+标记），针对入学英语水平相当高的学生，着重培养他们的批判性思维和学术英语写作能力；该级别的教学要求和教学大纲详见附件。

4. 大学英语教学体系

4.1 基本框架

大学英语课程设置贯彻学分必修、技能目标与课程可选的原则，充分体现个性化，满足学生各自不同的专业和个人发展的需要。

课程根据学生入学英语水平和《大学英语教学指南（送审稿）》规定的课程目标，分为基础目标课程（A）、提高目标课程（B）、发展目标课程（C）和完善目标课程（C+）。此外，大学英语课程还根据教学内容分为通用英语（G）、跨文化交际英语（C）和专门用途英语（S）三个类别。鉴于北大综合性大学的特征，我们只在C级别开设S类课程，因此A和B两个级别只有G和C两类课程。

整个课程体系如表1所示：

表1 北京大学大学英语课程体系

	通用英语（G）	跨文化交际英语（C）	专门用途英语（S）
基础目标课程（A）	AG	AC	*
提高目标课程（B）	BG	BC	*
发展目标课程（C）	CG	CC	CS
完善目标课程（C+）	CG+	*	*

大学英语课程采取弹性学分制，根据学生的不同起点，制定不同的教学目标，要求学生选修不同的课程序列。入学分级考试分入A级的学生修读8学分，B级修读6学分，C级修读4学分，C+修读2学分。

大学英语课程设置兼顾课堂教学与自主学习环节，采取课堂教学和网络自主学习相结合的教学模式，促进学生个性化学习策略的形成和学生自主学习能力的发展。我们很多课程都在依托Blackboard系统的北大教学网上进行了在线网络课程建设，把相关课程放到网络教学平台上，同时也在积极建设慕课和微课，使课堂教学与网络学习无缝对接，融为一体。

在包括课堂和网络学习的课程学习之外，我们还鼓励学生参与各种英语比赛，以此为契机激发学生学习英语的积极性。此外，北京大学为学生提供的科研条件、密切的国际合作以及学生社团等活动为学生提供了丰富的英语实践机会。学生可以通过赴英语国家进行交换学习、撰写英语学术论文、参加国际学术会议、模拟联合国活动等提升英语水平。

4.2 教学目标

三类课程教学目标分别为：

通用英语课程（G）的目的是培养学生英语听、说、读、写、译的语言技能，同时教授英语词汇、语法、篇章及语用知识，增加学生的社会、文化、历史和科学的基本知识，拓宽学生国际视野，提升学生综合文化素养。

跨文化交际英语课程（C）旨在进行跨文化教育，帮助学生了解中外不同的世界观、价值观、思维方式及社会组织的差异，培养学生的文化与跨文化意识，提高学生社会语言能力和跨文化交际能力。

专门用途英语课程（S）以英语使用领域为指向，以增强学生运用英语从事工作、进行专业和学术交流的能力，提升学生学术素养和职业道德水准为目的，具体包括学术英语（通用学术英语、专门学术英语）和职业英语两大课程群。

专门用途英语课程将特定的学科内容与语言教学目标相结合，语言教学活动着重解决学生学科知识学习过程中所遇到的语言问题，以培养与专业相关的英语能力为教学重点。

三级各类课程教学目标具体为：

基础目标英语课程（A）

基础目标英语课程（A）分为基础目标通用英语课程（AG）和基础目标跨文化交际英语课程（AC）两个模块。

基础目标通用英语课程（AG）重点突出听、说、读、写、译基本技能的培养和语言基本知识的学习，使学生英语能力达到《大学英语教学指南（送审稿）》规定的大学英语教学基础目标的各项要求。

基础目标跨文化交际英语课程（AC）以丰富学生中外文化知识，培养学生中外文化差异意识为目的，为学生讲授与中西文化相关的基础知识。

提高目标英语课程（B）

提高目标英语课程（B）分为提高目标通用英语课程（BG）和提高目标跨文化交际英语课程（BC）两个模块。

提高目标通用英语课程（BG）强调听、说、读、写、译技能的综合提升，兼顾语法、词汇、篇章、语用等语言知识的进一步巩固、提高和相关知识的进一步扩充，使学生英语水平和能力达到《大学英语教学指南（送审稿）》规定的大学英语教学提高目标的各项要求。

提高目标跨文化交际英语课程（BC）在学生已掌握的语言文化知识基础上，开设文化类和跨文化交际类课程，帮助学生形成文化和跨文化意识，以提升其跨文化交际能力。

发展目标英语课程（C）

发展目标英语课程（C）分为发展目标通用英语（CG）发展目标跨文化交际英语（CC）和发展目标专门用途英语（CS）三个模块。

发展目标通用英语课程（CG）注重培养学生的批判性思维和学术写作能力，满足具有拔尖创新潜质的高水平学生参与国际学术交流的需要，使学生英语能力达到《大学英语教学指南（送审稿）》规定的大学英语教学发展目标的各项要求。

发展目标跨文化交际英语课程（CC）旨在通过系统的学习，强化学生文化和跨文化意识，扩展学生的国际视野，进一步提升学生语言综合应用能力和跨文化交际能力。

发展目标专门用途英语课程（CS）为与专业相关的英语应用能力课程，通过教学，使学生较好地掌握通用学术英语和一定的学科英语知识，培养学生达到用英语从事工作、进行专业交流的能力。

4.3 课程目录

表2 北京大学大学英语课程目录

AG	语音与听说词汇	英语阅读
	语调与听说语法	英语听说
	基础英语写作	
AC	英美文化与社会习俗	
BG	高级英语听说	实用英语词汇学
	高级英语阅读	英美报刊选读
	博雅英语阅读	汉英翻译理论与实践
	高级英语写作	新闻英语视听说
	高级英语口语	
BC	希腊罗马神话赏析	美国文化概览
	英文文体风格鉴赏	英美短篇小说赏析
	英语名著与电影	影视中的英美文化
	英美戏剧与电影	当代英美纪录片中的中国文化和社会
	英美戏剧实践	澳大利亚历史与文化影视专题
	美国短篇小说与电影	英语词汇与英美文化
	英国文化概况	文艺复兴艺术作品与圣经故事

（续表）

CG	学术英语听说	计算机辅助翻译与写作
	学术英语阅读	分析性写作
	英语公众演讲	
CC	新西兰历史与文化	美国政治制度
	加拿大历史与文化	语言、文化与交际
	澳大利亚研究	语言、技术与社会
	美国重要历史文献选读	英汉名作名译研读
	西方文化选读	经典英美诗歌翻译与鉴赏
	英美经典散文节选阅读	英语语境中的中国历史与文化
	美国诗歌导读	北京和上海：中国历史上的双城记
	英国传统诗歌精华	英语非虚构作品中的近当代中国社会与文化
	西方人文英语	英美文学概况
	当代美国小说	希腊与希伯来哲学
CS	法律英语	商务英语
	科技前沿英语	商务英语沟通
CG+	批判性思维与学术英语写作	

课程代码说明：

级别代码：A 基础目标课程；B 提高目标课程；C 发展目标课程；C+ 完善目标课程

类别代码：G 通用英语课程；C 跨文化交际课程；S 专门用途英语课程

5. 大学英语评价体系

北京大学大学英语课程依据上述教学目标和教学要求，建立起评价与测试体系，系统地采集有关课程设计、教学实施、教学效果以及学生英语能力等相关信息，通过多维度的综合分析，判断大学英语课程和学生英语能力是否达到了规定的目标，并为大学英语课程的实施与管理提供有效的反馈，推动大学英语课程不断改革和发展，实现提高大学英语教学质量和学生英语应用能力的总体目标。

北京大学大学英语评价课程体系主要包括大学英语课程评价和学生英语能力测试两个方面。

5.1 大学英语课程评价

北京大学大学英语依据上述教学目标和教学要求，积极构建大学英语课程“校本评价+其他多样化评价”的综合评价体系，目标是对课程体系的各个环节开展全面、客观、公正的评价，及时、有效地为课程和教学提供反馈信息，推动课程的建设与发展。

大学英语课程综合评价体系的指标包括：课程设计、教学目标、教学方法和手段、教学内容、评价与测试、教学管理、教师发展等。各项指标的评价标准大致如下：

课程设计方面，主要关注各门课程是否明确了自己在教学体系中的定位，三类课程既有不同的侧重，又有互补性，并且互相渗透，各个级别的语言能力要求形成梯度。

在教学目标方面，各门课程根据自己在教学体系中的定位，确定教学目标。具体来说，通用英语课程着重加强学生的语言基础知识和应用能力，文化课程旨在增进学生对不同文化的理解，文学课程重在学生综合素质培养，而专门用途英语课程用于提高学生在学术和工作场景中熟练使用英语进行交流的能力。此外，通用英语课程也包含对学生综合素质和跨文化意识的培养，文学文化课程也注意夯实学生的语言基础，专门用途英语课程除加强学生语言基础并把语言用于实际目的外，也关注学生对学术领域和职场文化的领悟。课程既注重培养学生的英语实践能力，也成为人文通识教育的一部分，实现工具性和人文性的有机统一。贯穿所有课程的是北大“引领未来的人”的培养目标要求的全部能力：表达能力、跨文化交际能力、领导力、批判思维、沟通合作能力和创造力。

教学内容方面，根据教学目标合理分配学时。任课教师审查现有课程的教学内容和学时安排，对现有教学内容的有效性和学时安排的合理性进行评价，对不足之处不断进行调整。为教学内容选用或制作有效的教学材料。教师根据教学目标和内容，选用题材新颖、内容质量高的教材，或形成团队编写教材，鼓励学生作为学习主体参与教材编写。此外，还可以进行课程网站建设，制作电子教材、课件，以及慕课和微课等。

教学方法和手段方面，根据教学目标和课程内容，采用多种教学方法和手段，进行多样化、生动活泼的教学。根据课程教学目标、教学内容，以及学生特点，灵活运用任务式教学法、研讨型教学法、以问题为导向的教学法、案例教学法等，课下学习小组共同学习、课上分组讨论和报告等，达到预期教学效果。合理使用教育技术，形成有利于学生能力培养的高效教学模式。在课程中整合慕课、微课，采用翻转课堂，使学生主动进行探究性学习，更好地实现研讨式、互动式学习。此外，在一些课程中尝试小规模限制性在线课程（SPOC，即small private online course），探索更有效的个性化教学路径。

评价与测试方面，探索多元评价体系。合理设计课程的考核方式，灵活使用终结性评价和形成性评价手段，特别是加强对学习过程的全面监控和评价。探讨教学和评价方式的有机结合，使二者互相促进。

教学管理方面形成制度，详见第六条。

教师发展方面，在实现教学目标的各个教学环节中，鼓励教师参与教师发展活动，包括参与教师发展项目、教师发展共同体，撰写反思日记等等。

北京大学大学英语课程综合评价体系以学校内部开展的自我评价为主，其他多样化的外部评价为辅。在根据本校的教学需求和现状，制定适合本校的评价标准和切实可行的评价指标体系后，我们定期对现有课程进行分析和反馈评价信息，新开课程需通过专家委员会评审。此外，校内评价还包括鼓励教师和学生开展丰富多样的教学评价活动，促进教学的改进和提高。比如，我们的课程常年参与学校组织的学生课程评价，在评价系统中，教师可以随时收到学生对课程的反馈，此外每学期都有学生对教师和课程提供终结性反馈，以利于改进和提高。我们还鼓励教师和学生积极主动参与评价活动，包括对教学过程和学习过程的自我评价与反思。

大学英语课程综合评价还包括参加外部其他多样化课程评价，作为校内形成性和终结性评价的必要补充与延伸。比如参加国家和省市层面的评价、接受专家对大学英语课程的评审和指导，积极听取社会用人单位对大学毕业生英语能力的反馈，以指导课程的建设和发展等。此外，我们还积极参与兄弟院校交流活动，相互学习借鉴，从而充分发挥优秀课程和优秀教学团队的引领和示范作用。

总之，北京大学大学英语课程评价涵盖课程体系的各个环节，综合运用各种评价方法与手段，以内部评价为主，辅以多种形式的外部评价，形成性评价与终结性评价相结合，实现从传统的“对课程的评价”向“促进课程的评价”转变。

5.2 学生英语能力测试

北京大学大学英语教学管理部门根据本校学生英语入学英语水平，对学生提出相应的英语能力要求，开发个性化的学生英语能力测试体系。主要采取校本测试，也鼓励学生根据自己的学习进度和需求，自主选择参加全国和北京市英语统考，全面检测学生的英语能力，发挥测试对教学的正面导向作用，使之更好地为教学提供诊断和反馈信息，促进学生英语能力的全面提高。

首先，采取自主命题，将北京市大学英语研究会采纳的分级考试作为整个课程体系的入口。根据入学考试的成绩，把学生分入相应级别的课程，从而有效贯彻因材施教的原则。为保证评分效率，入学考试采取客观题形式。

学生被分入各个级别后，选择适合自己的课程，能力测试主要在课程中进行，由任课教师根据课程教学目标进行形成性测试和终结性测试。测试内容紧密结合教学内容，利用信息技术，跟踪和采集学生的学习行为等基本信息数据，构建学生个人学习档案，分析学生的学习行为特征，为不同类型的学生提供个性化的评价反馈。

除重视形成性反馈，我们也注意充分利用大规模考试所提供的信息，实现“对学习结果的终结性测试”与“促进学生学习的形成性测试”的有机结合。

5.3 评价与测试的保障

为确保大学英语课程评价与测试体系的顺利运行，合理使用评价与测试结果，有效地反馈教学，我们积极争取各级教学管理部门的支持，保障各项评价与测试工作所需要的时间、人力、物力和财力等资源。同时，为有效地开展评价与测试工作，我们也努力寻求途径对大学英语教师进行评价知识和技能的培训，特别是教学过程中的形成性评价理论和实践能力，处理好测试与教学的关系，掌握先进的评价与测试手段，采用多样化的数据分析方法，报告更有价值的评价与测试结果。北京大学大学英语课程正着力构建专业化的评价与测试体系，建设专业化的评价与测试机构，健全大学英语教学基本状态数据常态监测和反馈机制，更好地实现大学英语课程的总体目标，满足国家和社会对学生英语能力的需求。

6. 大学英语教学管理

北京大学大学英语课程设置遵循以下原则：大学英语为全校性必修课程，实行弹性学分（2、4、6、8学分制）和分级模块化教学，每门课程2学分，每周2学时。

每学期每个学生原则上修读一门大学英语课程。学生须在入学三年内（含暑期学校）修完大学英语课程。大学英语教研室在暑期开设的课程可以记入大学英语必修课程学分。是否记为必修课程学分，以选课学生所在院系公布的教学计划为准。

实施细则经北京大学教务部批准，自2016级北京大学本科生开始执行，具体方案如下：

（1）新生入学后参加大学英语分级考试，根据分级考试成绩分别编入A级、B级、C级和C+级，按编入级别修读各级别规定的课程。

（2）编入A级、B级、C级和C+级的学生必须分别修满8学分、6学分、4学分和2学分方可完成教学计划中对全校公共课大学英语课程的要求。

各级别应修学分和应修课程见表3。

表3 北京大学各级别学生应修学分和应修课程

入学分级	应修学分	应修课程
A级	8	A级课程4学分+B级课程4学分
B级	6	B级课程4学分+C级课程2学分
C级	4	C级和C+级课程共4学分
C+级	2	"批判性思维与学术英语写作"2学分

（3）编入C+级的学生可自愿申请免修"批判性思维与学术写作"。申请免修的学生必须参加免修考试。免修考试成绩优异者无需参加课程学习和考试，但学生仍需网上选择"批判性思维与学术英语写作"课程。课程最终成绩为免修考试的成绩，并获得2学分。

（4）入学前外语为非英语的学生以及体育特长生编入大学英语ABC系列。该系列学生均应修满"大学英语ABC（一）（二）（三）（四）"共8学分的课程方可完成教学计划中对大学英语课程的要求。

（5）留学生新生入学后，如所在院系规定英语为必修课，则必须参加新生大学英语分级考试，然后根据分级考试成绩，分别编入A级、B级、C级和C+级，按编入级别修读各级别规定的课程。

表4 北京大学本科生大学英语课程选课情况示意

	大学英语ABC系列	大学英语ABC(一) 学时2 学分2	大学英语ABC(二) 学时2 学分2	大学英语ABC(三) 学时2 学分2	大学英语ABC(四) 学时2 学分2
新生入学分级考试	A级	A级课程 学时2 学分2	A级课程 学时2 学分2	B级课程 学时2 学分2	B级课程 学时2学分2
	B级	B级课程 学时2 学分2	B级课程 学时2 学分2	C级课程 学时2 学分2	
	C级	C级课程 学时2 学分2	C级或C+级课程 学时2 学分2		
	C+级	批判性思维与学术英语写作 学时2 学分2 或 申请并参加免修考试成绩优异者 学时0 学分2			

参考文献

哈佛委员会. 2010. 李曼丽译. 哈佛通识教育红皮书[M]. 北京：北京大学出版社.

教育部高等学校大学外语教学指导委员会. 2015.大学英语教学指南（送审稿）[M]. 北京：高等教育出版社.

李淑静. 2015. 博雅英语[M]. 北京：北京大学出版社.

欧洲理事会文化合作教育委员会. 2008. 欧洲语言共同参考框架：学习、教学、评估[M]. 北京：外语教学与研究出版社.

附录：课程大纲

北京大学批判性思维与学术英语写作课程教学大纲

Critical Thinking and Academic Writing

编写日期: 2019年2月6日

一、课程基本信息

1. 课程编号：03835780
2. 课程类别：全校必修
3. 课程性质：必选
4. 学时/学分：32学时/2学分
5. 适用专业：非英语专业本科生C+

二、COURSE DESCRIPTION

Critical thinking is the process by which we apply logic to evidence to develop arguments, evaluate the strength of arguments made by others, and resolve controversy.

This course introduces students to the demands and conventions of critical thinking and advanced academic writing. It focuses on critical thinking techniques, applied critical thinking using journal and comparable sources. This course instructs on the stages of the writing process, from prewriting exercises through rough drafts and revisions.

Students enhance critical thinking abilities by reading and writing challenging material, refine their rhetorical strategies, practice writing processes with special attention to revision and style, and write and read in a variety of genres. Reading materials include a variety of genres from statements of purpose to major papers/research proposals.

三、COURSE GOALS

This is a course for you to become more proficient and efficient at composing and organizing English language academic writing through applied critical thinking.

四、COURSE MATERIALS

1. Textbook

The textbook is Cooper & Patton, *Writing Logically, Thinking Critically* (8th ed.) Longman, 2014.

2. Other Resources

Cottrell, *Critical Thinking Skills: Developing Effective Analysis and Argument* (2nd ed.) Palgrave, 2011

Morrow, David R and Weston, Anthony, *A Workbook for Arguments: A Complete Course in Critical Thinking* (2d ed.), University of Chicago Press, 2011.

. Wallace, Mike and Wray, Alison, *Critical Reading and Writing for Postgraduates* (2nd ed.), Sage Study Skills, 2011.

五、GRADES

1. Assignments 40%

There will be both individual and team/group assignments. You will generally work with the same writing partner(s) for team/group projects. All writing assignments throughout the course — those done in class as well as those done outside — are required.

2. Attendance and Participation

Attendance and participation are required. Participation consists of more than mere attendance. Actual participation occurs when you:

- submit all assignments;

- show you have prepared by reading and thinking about assigned materials;

- show you understand or are trying to understand the course concepts;

- ask clear questions and build on others' contributions;

- make connections between different subjects discussed;

- use the material to generate your own insights and applications;

- exhibit willingness to experiment with new skills and approaches to material;

- make class presentations, typically with your partner, on written assignments.

3. Final Writing Project

This project is to write a 8–16 page Research Proposal (2nd–4th year students) or a Major Paper (1st–2nd year students). It is designed to give you the opportunity to show that you have mastered all the principles and skills covered in the course.

六、WEEKLY WORK SCHEDULE

Week 1
Introduction: Course Overview Introduction to Critical Thinking (CT) Discussion of stages of the writing process, from prewriting exercises through rough drafts and revisions. Discussion of Statement of Purpose Models
Week 2
Discussion of CT including definitions of CT Case Study: *Why Only Us: Language and Evolution* (2015) and *Why Only Us? The Language Paradox*, New Scientist (2016)
Week 3
Review CT Techniques using "Critical Thinking as a Process" from Cottrell, *Critical Thinking Skills: Developing Effective Analysis and Argument* (2nd ed.), Palgrave, 2011
Week 4
Review Peter Gardner "The Essentials of Writing" in *New Directions: Reading, Writing and Critical Thinking*, 2nd ed., CUP, 2013
Week 5
Review Citation Resources MLA format Discussion of Academic Problems, Controversies, Issues
Week 6
Review of Common and Unique Errors in *Controversy Source Review* assignment Discuss Common and Unique Errors in *Controversy Source Review* Exercise Citation Generators

（续表）

Week 7
Review Common and Unique Errors in CSR Exercise Read George Orwell's "Politics and the English Language" (1946) AND/OR Thomas Merton's "War and the Crisis of Language" (1967) Read Rowan Williams' overview, "War, Words and Reason: Orwell and Thomas Merton on the Crises of Language" (2015)
Week 8
Review Major Project Specification (Ver 1) Updates Review of Articles "Politics and the English Language", The Atlantic, 2007, "What Orwell Didn't Know: Propaganda and the New Face of American Politics", Cultic Studies Review, 2008, "Teaching George Orwell in Karl Rove's World — 'Politics + the English Language' in the 21st Century Classroom" Western Political Science Association, 2009, "George Orwell: Really Not All That", The Guardian, July 2013, "George Orwell Was Not a Language Fascist — Why We Keep Misinterpreting His Words", Salon, Sept 2014 "On the Wall" Exercise "What I learned about English from Orwell's 'Politics and the English Language'"
Week 9
Review Major Project Specification Updates Review of Articles by Mueller and Oppenheimer, "The Pen Is Mightier Than the Keyboard: Advantages of Longhand Over Laptop Note Taking" Psychological Science Online First, (2014), Beaudoin "Cognitively Potent Software Is Mightier Than the Pen in the Hands of Able, Motivated Knowledge Builders: Response to Mueller & Oppenheimer (2014)", CogZest, (2014), and "Attention Students: Put Your Laptops Away", NPR (2016) Discussion of "CNCP" Assignment
Week 10
Review Major Project Specification Updates Discussion of RP slides "How to Write a Research Proposal" MIT OWC (undated) and "Writing an Effective Research Proposal" Univ. of Calgary, (2004) Discussion of model Thesis and Research Proposals including RP Models — "Developing Techniques for Using Software Documents: A Series of Empirical Studies", "Freehand 3D Reconstruction in Real-time", "Research Proposal in Sociology" (UBC) Discussion of Non-linear Outline (NLOL) Exercise

（续表）

Week 11
Review Major Project Specification (Ver 2) Discussion of models and articles for Thesis and Research Proposals (continued) — using "Quantitative Research Proposal" TWU, Graduate School (2014) (compare with "Research Proposal in Sociology") "Forest Ecosystem Restoration due to a National Conservation Plan in China" Ecological Engineering (2011) and "Legitimating a Chinese Takeover of an Australian Iconic Firm: Revisiting Models of Media Discourse of Legitimacy" Discourse and Society (2012)
Week 12
Further Review Exam Specification (Ver 2), given outlines and other submissions to date Further Review of Articles, "Forest Ecosystem Restoration due to a National Conservation Plan in China" Ecological Engineering (2011) and "Social Media and Multinational Corporations' Corporate Social Responsibility in China: The Case of ConocoPhillips Oil Spill Incident" IEEE Transactions on Professional Communications (2015) as models for RP/MPs Teams of Students Review and Report Academic Writing in Academic Articles "The Impacts of Climate Change on Water Resources and Agriculture in China" Nature (2010), "Dissolved Oxygen Stratification and Response to Thermal Structure and Long-term Climate Change in a Large and Deep Subtropical Reservoir (Lake Qiandaohu, China)" Water Research (2015), "The Potential Effects of Climate Change on Amphibian Distribution, Range Fragmentation and Turnover in China" PeerJ Preprints (2016), "Analyzing the Penetration Barriers of Clean Generation Technologies in China's Power Sector Using a Multi-region Optimization Model" Applied Energy (2016),"The Vulnerability of Thermoelectric Power Generation to Water Scarcity in China: Current Status and Future Scenarios for Power Planning and Climate Change" Applied Energy (2016)
Week 13
Review of Common and Unique Errors for RP/MPs Complete Student Team Report on Env. Academic Articles Complete Individual Reports on CNCP Assignment

（续表）

Week 14
Review of Revised RP/MPs for ongoing errors Further Review of Articles, “Smart Grids in China: Industry Regulation and Foreign Direct Investment” Energy Law Journal (2016) as a model for academic writing with Chinese characteristics. As a class, review and discuss article “Moon Man — What Galileo Saw” New Yorker (2013), [and time permitting “Has the Earth’s Sixth Mass Extinction Already Arrived?”, Nature Review (2011), “We’re Underestimating the Risk of Human Extinction” The Atlantic (2012),“Extinction Risk of Soil Biota” Nature Communications (2015), “Rarity in Mass Extinctions and the Future of Ecosystems” Nature (2015), “Human Extinction Isn’t That Unlikely”, The Atlantic (2016)]
Week 15
Continued discussion of the Galileo Problem and the case of 董仲舒 (Dǒng Zhòngshū) — the role of scholars, scientists, and academic writing challenging established orthodoxy As a class, review and discuss articles “Professors! We Need You!” New Yorker (2014) and “Why Is Academic Writing So Academic?” New Yorker (2014)
Week 16
Individual Interviews with Instructor

作者简介：

李淑静，北京大学外国语学院副教授，研究方向为大学英语教学、应用语言学。Email: lishujing@pku.edu.cn

田剪秋，北京大学外国语学院副教授，研究方向为理论语言学、语言测试、计算机辅助语言教学。Email: tianjq@pku.edu.cn

张敏，北京大学外国语学院讲师，研究方向为大学英语教学、应用语言学。Email: zhangmin@pku.edu.cn

马小琦，北京大学外国语学院讲师，研究方向为大学英语教学、应用语言学。Email: veramaxiaoqi@126.com

浙江大学“以人为本、多元创新”的大学英语教学方案

何莲珍　方富民　周颂波　李　航　浙江大学

【摘　要】为了响应浙江大学“培养具有全球竞争力的高素质创新人才和领导者”的培养目标，浙江大学外语教学中心坚持“以人为本，多元创新”，在课程体系、评价方式、教学模式等方面开展了多元化、全方位的教学改革，有效地提升了教学质量，推进了国际化人才的培养。第一、重构后的大学英语课程体系，有助于全面提升学生的英语综合应用能力；第二、浙江大学大学英语水平考试真正促进了英语教、学、评的有机融合，提高了学生的英语应用能力；第三、“以学生为中心”的主题线下教学模式和个性化的线上学习模式相融合，大大提升了学生的自主学习能力。

【关键词】大学英语；课程体系；以学生为中心；自主学习能力

1. 方案背景

浙江大学是一所综合型、研究型、创新型大学，其学科涵盖哲学、经济学、法学、教育学、文学、历史学、艺术学、理学、工学、农学、医学、管理学等十二个门类。学校坚持“以人为本，整合培养，求是创新，追求卓越”的教育理念，着力构建“知识—能力—素质—人格”四位一体（KAQ2.0）的人才培养体系，培养德智体美全面发展、具有全球竞争力的高素质创新人才和领导者。

以此教育理念为指导方向，浙江大学开设了大学英语类通识课程，注重知识、能力、素质、人格培养；面向国家战略需求，为改革开放和经济社会发展服务的高水平专业人才服务，也为大学生进行国际交流、专业深造、工作就业等方面的实际需求提供优质条件；促进大学生放眼世界，培养国际意识，为他们在全

球化的新时代接受挑战和抓住机遇做好准备。

2. 组织架构

浙江大学面向非英语专业本科生的大学英语教学由浙江大学大学外语教学中心（以下简称中心）组织实施。目前，中心已形成了一支年龄、职称、学历、学缘结构合理的教学和科研团队。中心现有教师58名，其中教授9名，包括博士生导师7名，副教授22名，讲师27名；教师队伍中，有国家级教学名师1名，“新世纪百千万工程国家级人选”1名，“教育部新世纪优秀人才支持计划”入选者1名，浙江省“151人才工程”第一层次人员1名，浙江大学求是特聘学者1名。

中心分设基层教学组织、教学指导委员会、教育专家委员会、竞赛委员会和大学英语水平考试测试专家组等机构。这些机构承担的主要教学管理任务如下：

基层教学组织，包括各教研室和课程组，负责日常教学工作的运行。大学英语教研室设主任和副主任，主要负责大学英语系列课程（包括大学英语、特殊班和荣誉课程），落实日常教学任务、制定教学大纲、统一课程进度、统一出卷阅卷、监控期末成绩等。大学外语通识课程组，由各课程组负责人协调和统一课程教学内容、考试内容、成绩管理等。

教学指导委员会，由责任教授和核心成员组成。主要指导教学改革，规划教学团队建设，优化教学内容，改革教学方法，组织教学观摩等。

教育专家委员会，由教学名师、专家教授等组成。负责教学督导，主要考核教学质量，督查教学态度，随堂听课抽查，审查试卷，收集师生反馈等。

竞赛委员会，主要负责组织各类校级、省级和国家级大学英语竞赛，包括大学生英语演讲大赛、英语写作大赛、英语阅读大赛、英语辩论大赛、模拟联合国大赛、英语戏剧表演大赛、英语电影配音大赛等。

大学英语水平考试测试专家组，主要负责浙江大学大学英语水平考试的实施和管理，不断优化大学英语评价方式。

3. 改革基础

中心一直致力于在教学改革和创新上积极探索新思路、新模式，落实三大“坚持”——坚持践行“以学生为中心”的教学模式，坚持全面提升学生外语能力的教学目标和坚持推动个性化、创新型的教学方法。

自1997年起，浙江大学外语系设计并实施了从理论研究、教学模式到配套教材的一整套大学英语教学改革方案，并开拓性地实施了“以学生为中心的主题教学”模式。这一教学模式使学生有机会接触到同一主题不同层次的、丰富的语言现象和语料，并及时消化和理解这些语料，参与活动并表达自己的观点，激发了学生学习的积极性和主动性，有效提高了学生的综合语言应用能力。2001年，“以学生为中心的主题教学新模式”教改项目获得了国家教学成果二等奖，得到了国内外语界同行的充分肯定。

自2009年起，浙江大学大学外语教学中心对如何培养学生自主学习能力进行了深入探索和研究，重点研究中国大学生外语学习动机、学习策略使用和教师角色的内在结构。在激发学生的学习动机方面，教师通过引导学生合理设定学习目标和学习榜样、合理评价学习成败等途径来增强学习者的自我效能；通过改善学生对于教师、课程、学习小组等学习情境的态度来提高学生的外语学习动机。在培养和优化学生的外语学习策略方面，教师从学习者的学习自信心、目标定向、学业成绩、同伴关系以及师生关系等方面着手来提高学习者情感社交管理策略的学习和使用。在教师角色方面，教师引导学生监控和管理自己的学习，教给他们自主学习的策略，让学生对自己的学习负责。在课堂教学实践中，无论是教学模式、教材内容组织与使用，还是课堂管理方式、学业评估，都充分调动学生的能动性和体现学生的独立性。

自2012年起，本着以人为本、质量为上的教学改革目标，中心开始了新一轮的教学改革，即“以人为本、多元创新：国际化视野下的大学英语教学改革探索与实践”。通过课堂教学模式创新、教学研究促教学能力提升、大学英语课程体系与课程评价方式改革等全方位教改措施的推进，中心不断探索高校大学英语教学的新模式。第一、中心坚持以人为本的全面素质教育目标，重构大学英语课程体系，重构后的大学英语五大模块课程体系（技能类课程、文化类课程、文学类课程、ESP课程以及学术类课程）从大学英语教学的顶层推进了高校学生外语能力培养体系的创新实践。第二、中心创新了大学英语课程评价方式，以评促学，提高学生英语应用能力，构建了大学英语课程“校本评价与其他多元化评价相结合”的综合评价体系，对课程体系的各个环节开展全面、客观、公正的评价，及时、有效地为课程和教学提供反馈信息，推动课程的建设与发展。第三、中心构建了基于大学英语课堂的学习共同体，加强了学生对大学英语三大内容——英语语言知识与运用技能、英语语言知识与跨文化交际、英语语言知识与学习策略之间关系的整体性认识，实现了大学英语课程的双重目标，为学生成为语言的终身学习者打下基础，并将这种认识与交际语言能力有意识地结合起来，适应未来跨文化交际的需要。第四、中心坚持以科研促教学，以学院各级各类科研平台为依托，大力开展教学研究，努力营造教研氛围，努力提升教师的教学科研能力。2017年，“以人为本、多元创新：国际化视野下的大学英语教学改革探索与实践”获得了浙江省教学成果二等奖。

自2017年起，根据新形势下高校人才培养的新需求，结合浙江大学本科生的实际需要，中心开始了大学英语“双课堂”学习共同体建设的改革，以切实改进英语教学的效果，提升学生的英语应用能力，从而助推浙江大学的“双一流建设”。“双课堂”学习共同体机制下的英语教学具有很强的系统性和针对性。该项目由“多元混合式”课堂学习共同体、尖端训练营以及英语能力普及工作坊等三大模块组成。“双课堂”学习针对全校本科生，兼顾具有不同语言能力的学生的学习需求，学习内容覆盖全部英语类通识课程以及各项语言技能。通过有效整合“五大”通识课程模块、融合线上线下教学活动，通过信息的充分交互，增强学生的学习主体地位，丰富、灵活的教学形式使学生在学习中收获知识，并带来快乐的学习体验，为学生发挥创造力、想象力提供了重要平台。

4. 教学目标

浙江大学大学英语通识课程的总体教学目标是通过“以学生为中心”的主题教学模式，通过理解和体现学生的知识、智力、情感和个性需求的教学手段，围绕学生共同关心的话题，以形式多样的阅读、听力、视频、小组讨论、小组演示等线上和线下教学活动，培养学生一定的英语听、说、读、写及汉英互译能力，提升学生的思辨能力，全面提高学生熟练运用英语的能力。

根据浙江大学生源情况以及人才培养定位，我校的大学英语教学要求分为三个层次，即基础目标、提高目标和发展目标。三个层次的英语能力要求具体如表1。

表1 浙江大学大学英语教学要求

教学目标	具体描述
基础目标	1. 词汇知识：领会式掌握的词汇量和复用式掌握的词汇量应分别达到5300个单词和2000个单词。复用式掌握的词汇即积极词汇，是学生在认知的基础上能在口头和书面两个方面熟练运用的词汇。能使用联想法、词缀法等策略进行单词记忆加工；能识别近义词的意义差异；能使用较复杂的词汇，表达不同的情感和态度、描述比较复杂的事件和概念等；能恰当使用常见的固定搭配。 2. 听力理解：能听懂语速正常的（每分钟120词）、一般性话题的口头表达，获取基本要点和主要细节，明确其中的逻辑关系，理解话语的基本文化内涵；能听懂与个人相关的口头表达，如讲座、演讲、新闻报道等，掌握中心大意，了解说话者的观点和意图。 3. 阅读理解：能读懂语言较复杂、话题丰富，如有关教育、科技、文化、社会等的材料；能了解作者意图，理解主题思想，分析语言特点，领会文化内涵，并概括已读内容；能读懂语言较复杂的论述性材料，如书评、社会时评等，辨别不同的观点。精读量达到17000词数，泛读量达到35000词数。 4. 口头表达：能就日常话题或熟悉的热点问题发表意见或与他人交流，表达清楚，有层次、有条理；经过准备后，能就所熟悉的话题作简短发言；能就学习或与未来工作相关的主题进行适当的讨论。语言表达结构比较清楚，语音、语调、语法等基本符合交际规范。 5. 书面表达：能用英语描述个人经历、观感、情感和发生的事件等；能写常见的应用文；能在半小时内就一般性话题或提纲写出不少于150词的短文。语言结构基本完整，中心思想明确，用词较为恰当，语意连贯。 6. 翻译能力：能借助词典对题材熟悉、结构清晰、语言难度较低的文章进行英汉互译，译文基本准确，无重大的理解和语言表达错误。能翻译难度低于课文的英语文章，理解正确，译文达意。英译汉的译速每小时约为300个英语单词；汉译英的译速每小时约为250个汉字。
提高目标	1. 词汇知识：领会式掌握的词汇量和复用式掌握的词汇量应分别达到6500个单词和2800个单词。能恰当使用复杂的固定搭配；能使用具有引申含义的常用词语；能使用恰当的同义词，使表达更准确。 2. 听力理解：能听懂语速中等的（每分钟140词）、信息量大，与个人专业领域相关的口头表达，如讲座、报告、讨论等，概括主要内容；能听懂语速正常的新闻广播节目，理解大意，领会观点和立场；在与英语为母语者就生活话题进行交流时，能理解对方话语的文化内涵。 3. 阅读理解：能读懂语言较复杂的演讲、报告、议论文、综述性文献，并能理解中心大意、关键信息、篇章结构和隐含意义等；能较好地运用常用的阅读策略提高阅读速度和提升阅读理解能力；能读懂相关专业材料的操作指令和各类指示性材料，提取其中的细节信息。精读量达到20000词数，泛读量达到40000词数。

（续表）

教学目标	具体描述
提高目标	4. 口头表达：能就社会热点问题或专业领域内熟悉的话题与他人进行比较流利的会话；能就与社会文化和学习相关的制定话题较好地表达个人意见、情感、观点等；能描述计划、经历、故事，用词丰富准确，细节详实富有条理；能在正式会议或研讨会上简短地发表意见、解释观点。 5. 书面表达：能就社会热点问题阐明观点，论据充分；能撰写所学专业论文的英文摘要和英语小论文；能描述各种图表；能用英语对未来所从事工作或岗位职能、业务、产品等进行简要的书面介绍；能在半小时内写出不少于 180 词的记叙文、说明文或议论文，语言表达内容完整，观点明确，条理清楚，语句通顺。 6. 翻译能力：能借助词典、运用较常用的翻译技巧翻译体裁较为正式、题材熟悉的文章或与所学专业或未来所从事工作岗位相关、语言难度一般的文献资料。理解正确，译文基本达意，语言表达清晰。英译汉的译速每小时约为 350 个英语单词；汉译英的译速每小时约为 300 个汉字。
发展目标	1. 词汇知识：领会式掌握的词汇量和复用式掌握的词汇量应分别达到 8000 个单词和 3500 个单词。能正确理解复杂的专业词汇和短语；能使用常见的学术和专业词汇；能恰当使用常见词汇的字面意义和引申含义；能恰当使用常用的谚语、习语等。 2. 听力理解：能听懂语速较快的（每分钟 160 词）、有关政治、经济、历史、文化等抽象话题的论述，掌握中心大意，抓住要点和主要信息，领会说话者的观点和立场，理解隐含意义；能听懂与自己专业相关的学术讨论、报告、辩论等，理解核心概念，获取主要内容；在与语速较快的母语者进行交流时，能获取特定信息。 3. 阅读理解：能读懂语言复杂、专业性较强的材料，整合相关信息，分析作者观点态度和立场，理解隐含信息；整合文章，理解主旨大意及细节；能比较顺利地阅读不同体裁的文学作品，如短篇小说、电影剧本、散文等，理解大意，赏析作品；能读懂语言复杂的专业性较强的科技文章，概括关键信息，理解研究方法；能恰当地规划阅读速度和阅读重心。精读量达到 23000 词数，泛读量达到 45000 词数。 4. 口头表达：能用英语就各种熟悉话题与他人较为流利、准确地进行对话或讨论；能在国际会议和专业交流中介绍自己开展的研究并参加讨论，表达准确、清晰、连贯；能在演讲中根据所给的主题采用合适的论证方法进行有力的论证；能在面试时，自如、有效地应对提问。 5. 书面表达：能就抽象话题写出有一定思想深度的说明文和议论文；能就专业话题撰写学术论文，整合各种数据、事实和观点，详细表述研究过程、难点问题和主要结论等；能对从不同来源获得的信息进行归纳，写出大纲、总结或摘要，并重现其中的论述和理由；能编写情节复杂、内容生动的故事；能在半小时内写出不少于 200 词的记叙文、说明文或议论文，文章结构清晰、内容丰富、逻辑性强。

（续表）

教学目标	具体描述
发展目标	6. 翻译能力：能翻译较为正式的议论性或不同话题的口头或书面材料；能借助词典翻译有一定深度的介绍中外国情或文化的文字资料，译文内容准确，基本无错译、漏译，文字基本通顺达意，语言表达错误较少；能借助词典翻译所学专业或未来所从事职业的文献资料，对原文理解准确，译文语言通顺，结构清晰，基本满足专业研究和业务工作的需要。英译汉的译速每小时约为400个英语单词；汉译英的译速每小时约为350个汉字。

5. 教学体系

浙江大学大学英语课程属于外语类通识课程。大学英语通识课程体系分为五大模块：技能类课程、文化类课程、文学类课程、ESP课程以及学术类课程。

技能类课程，包括《大学英语》系列课程、《英语视听说》《翻译技能》《英语口译》《英语演讲艺术》《英语辩论》《英美报刊选读》《高级阅读》《高级写作》《高级口语》《高级听力》等。这类课程旨在培养学生的英语综合应用能力，特别是听说能力，使他们在今后的学习、工作和社会交往中能用英语有效地进行交际。

文化类课程，包括《美国文化与口语》《英美概况》《英语语言与社会》《欧洲概况》等。这类课程旨在提高学生的综合文化素养，以适应我国社会发展和国际交流的需要。

文学类课程，包括《英语名家散文评析》《英美当代畅销小说评析》《当代英语小说选读》等。这类课程旨在增强学生的英美文学意识，使学生能够在文学语言的世界里提高语言技能、提升人文素养。

ESP课程，包括《商务英语》《西方新闻英语》《旅游英语与文化》等。这类课程是以需求为核心的工具性、市场型英语教学课程，能满足学生的就业需求。

学术类课程，包括《英语词汇学》《学术英语交流》《英汉写作修辞对比》《文体学》《学术英语写作》等。这类课程旨在培养学习者在学业和研究环境中恰当得体地运用英语的能力，其教学核心是语言教学，兼顾学习策略、思辨能力和学术规范的培养。

6. 课程设置

6.1 课程名称

浙江大学大学英语类课程层次及具体课程见表2。

表2 浙江大学大学英语课程表

课程层次	课程
基础目标课程	《普通英语 I》（特殊班）
	《普通英语 II》（特殊班）
	《普通英语 III》（特殊班）
	《大学英语 III》
	《大学英语 IV》
	《大学英语 III》荣誉课程
	《大学英语 IV》荣誉课程
	《英语视听说》
	《英语演讲艺术》
提高目标课程	《大学英语 V》
	《大学英语 VI》
	《高级阅读》
	《高级听力》
	《高级口语》
	《高级写作》
	《翻译技能》
	《英语辩论》
	《英美报刊选读》
	《美国文化与口语》
	《英美概况》
	《欧洲概况》
	《商务英语》
	《旅游英语与文化》
	《学术英语交流》
发展目标课程	《英语口译》
	《学术英语写作》
	《英语语言与社会》
	《英语名家散文评析》
	《英美当代畅销小说评析》
	《当代英语小说选读》
	《社会文体学》
	《西方新闻英语》
	《英汉写作修辞对比》

6.2 修读对象和要求

修读对象：在校本科生

修读学期：新生入学后，根据浙江大学英语入学分级考试或高考英语成绩选择修读大学英语III或大学英语IV。在修读完大学英语IV或相应水平课程后，学生可修读其他外语类通识课程。

修读学时：浙江大学实行四学期制。“大学英语”系列课程为长学期课程，每周安排4课时，总学时数为64。其他外语类通识课程分两类：一类为短学期课程，每周安排3课时，总学时数为24；另一类为长学期课程，每周安排2课时，总学时数为32。

学分和要求：

（1）“大学英语”系列课程，包括大学英语III、大学英语IV、大学英语V和大学英语VI，每一级为3个学分；其他外语类通识课程一般为1.5个学分。

（2）浙江大学本科生外语类课程最低修读要求为“6+1”学分，其中6学分为外语类课程学分，1学分为浙江大学英语水平测试学分。

（3）大学英语IV为其他外语类通识课程的前置课程。外语类通识课程采用形成性评估和终结性评估相结合的评估方式。考核通过后，学生可获得相应的学分。

（4）浙江大学英语水平测试分为笔试和口试两部分，综合考查学生的听、读、写、说能力。托福考试成绩95分以上（含95分）、雅思成绩7.0分以上（含7分）或六级考试笔试550分以上（含550分）和口试B级以上（含B级）的学生可申请免修浙江大学英语水平测试。

（5）英语课程成绩按实际选课及考核成绩记载，成绩不合格者可申请补考或重修。

特殊培养：

浙江大学竺可桢学院的学生修读大学英语III荣誉课程、大学英语IV荣誉课程、大学英语V荣誉课程或其他外语类通识课程。艺术类、体育类等特殊专业学生按照培养方案规定，安排学生修读相应的英语类课程；民族生的“外语类”课程修读要求按照民族生相关政策执行，不需修读1学分的外语类水平测试。

7. 评价体系

浙江大学大学英语构建了形成性评估与终结性评估相结合、校本评价与其他多元化评价相结合的综合评价体系，对课程体系的各个环节开展全面、客观、公正的评价，及时、有效地为课程和教学提供反馈信息，推动课程的建设与发展。

7.1 课程评价体系

7.1.1 形成性评估

形成性评估是教学过程中进行的过程性和发展性评估，即根据教学目标，采用多种评估手段和形式，跟踪教学过程，反馈教学信息，促进学生全面发展。浙江大学大学英语课程中的形成性评估一般占课程总成绩的40%，主要包括以下三个方面：

（1）课堂表现

在大学英语课堂上，教师根据各种教学活动对学生在该学期的课堂出勤、课堂活动参与度等课堂综合表现进行评估。

（2）自主学习

教师根据各个单元的内容，布置线上线下作业。同时，教师通过学生的网上自学记录、学生自我评估、学生互评等多种形式对学生学习过程进行评估和监督。

（3）平时测验

每个学期组织2~3次统一的平时测验，对学生所学知识进行评测，使教师及时了解学生的学习效果并相应调整教学方法和教学重点。

7.1.2 终结性评估

终结性评估是一个教学阶段结束时进行的总结性评估。我校课程评价体系中的终结性评估主要通过期末课程考试的形式进行，多维度地对学生的语言综合应用能力进行评估。以“大学英语”系列课程为例。该系列课程的期末测试包含了笔试和口试两部分。笔试部分涵盖了听力、阅读、词汇、翻译、写作等能力的测试；口试部分主要对学生的口头交际能力进行评估。

7.2 英语水平测试

在理论研究、需求分析的基础上，经过两年多的前期准备和研制工作，浙江大学于2014年10月正式启动了浙江大学英语水平测试。学生可从入校第三学期开始报名参加每年4月和10月组织的浙江大学英语水平测试。学生参加该考试的次数不限。测试的计分方式为合格/不合格两级制。该考试计1个学分。

浙江大学英语水平测试定位于学校的人才培养目标，主要考核学生掌握和运用英语的能力，尤其是英语的输出能力，从听、说、读、写四个方面全面考查学生的语言综合应用能力。“水平测试”所要求的词汇量约6500个单词和1200个词组，其中约2200个单词为积极词汇。

浙江大学英语水平测试分为笔试和口试两部分，笔试考查学生的听力、阅读和写作能力，口试考查学生的口头表达能力。笔试为机考，听力和阅读考试时间为60分钟，写作考试时间为30分钟，口语考试时间为20分钟（四个考生一组）。听力和阅读、写作、口语三部分分别计分。听力和阅读部分占总分的60%，写作和口语部分各占20%。只有通过听力和阅读、写作这两部分，学生方可报名参加口语考试。听力和阅读、写作、口语这三项均设及格线，即听力和阅读36分，写作12分，口语12分。只有通过所有单项考试，学生才能视为通过浙江大学英语水平测试。

为了充分发挥信息技术在语言评价中的作用，浙江大学自行设计开发了计算机辅助英语水平测试系统，在题库建设、测量模型的选择、不同年份不同批次考试间的分数等值、主观题评阅（含机评与人评）、测试的效度验证（含效度证据收集与分析）等方面均开展了大量的实证研究，以确保测试的科学性与公平性。

中心在以往终结性评估的基础上，将形成性评估有机地纳入课程评价体系，实现了“对学习结果的终结性评估”与“促进学生发展的形成性评估”的有机结合。同时，根据大学英语教学目标和教学要求，结合本校的教学需求和现状，中心建立了科学、规范、符合我校特色的校本大学英语测试体系，在一定程度上体现了分类指导、因材施教的原则，从而建立和完善满足学校个性化需求的大学英语教学体系。

8. 教学管理

8.1 排课方案

浙江大学大学英语排课方案充分考虑大学英语课程修读要求、学生选课人数、开课教师情况、多媒体教室数量等因素，确保充分利用现有教学资源，为有需求的学生提供高质量的大学英语课程。原则上，中心在秋冬学期以开设大学英语III和IV为主，其中大学英语III和大学英语IV的开课比例大约为8∶2，以便针对不同水平的学生进行更有效地教学；在春夏学期开设大学英语IV以及其他外语类通识课程。

每学期中期，教务人员会根据教学计划提供拟开课的班级数及开课时间，在任课教师自愿填报和中心宏观调控的基础上，由教务人员把教学任务录入选课系统。

8.2 选课方案

大一新生根据浙江大学英语入学分级考试或高考英语成绩选择修读相应级别的“大学英语”课程，即大学英语III或大学英语IV。

浙江大学本科课程每学年安排两个选课周期，即秋冬选课周期和春夏选课周期。每个选课周期分4个选课阶段，在上一个学期的期末安排第一、二阶段的选课，在两个小学期开学前后分别安排第三、四阶段的选课。新生第一学期第一、二阶段的选课安排在进校报到后。学生网上选课后，选课系统会根据教学班容量进行筛选。选课与考试中心也会根据学生选课需求和资源状况，在第二阶段酌情增开或停开部分教学班。

8.3 以考代修及免听方案

有能力自修的学生，如果上一级别的大学英语期末总评成绩达到规定的分数，可申请以考代修或免听，不参加课堂授课。具体方法为：先通过网上选课，再申请办理以考代修或免听手续。以考代修的学生的总评成绩按照期末考试卷面成绩计算。免听的学生必须完成规定的课程要求，如作文、平时测验等，其总评成绩由平时成绩和期末考试成绩构成。

附录：课程大纲

浙江大学大学英语III课程教学大纲

一、课程基本信息

1. 课程名称：大学英语III
2. 课程编号：051F0020
3. 课程类别：外语类通识课程
4. 课程性质：选修课程
5. 课程对象：非英语专业本科生
6. 课程学时：64学时
7. 课程学分：3学分
8. 预修课程：无

二、课程教学目标

大学英语III旨在培养学生具备较强的阅读能力和一定的听、说、写、译能力，帮助学生掌握良好的英语学习方法，增强英语文化意识，并为进一步提高英语打下扎实的基础。

在听力理解能力方面，学生能听懂英语授课，并根据要求进行讨论、发言；能听懂语速正常的对话、短文、报告、讲座、新闻等，抓住中心大意、要点和相关细节，领会作者观点和态度。

在口头表达能力方面，学生能进行日常会话，能就教材内容作出准确问答和复述，能就熟悉的话题作有效发言，表达思想较清楚，语音、语调基本正确。

在阅读理解能力方面，学生能读懂语言难度中等的、一般性题材的文章，能借助词典阅读题材熟悉的英文报刊的文章，理解大意、主要事实及主要细节，掌握基本的阅读技能。

在书面表达能力方面，学生能在阅读难度与课文相仿的书面材料时做笔记、回答问题和写提纲，能按照要求完成短文写作，表达意思清楚，无重大语言错误。

在翻译能力方面，学生能将难度低于课文的英文译成汉语，能将内容熟悉的汉语译成英语，理解正确，译文达意。

三、课程教学内容

大学英语III使用的教材为《新编大学英语》第三册。该教材为“十二五”规划教材，由浙江大学编写并由外语教学与研究出版社出版。

大学英语III的课堂教学包括《新编大学英语》第三册的9个单元的内容，具体单元如下：Unit 1 Personality；Unit 2 Myths and Legends；Unit 3 Social Problems；Unit 4 Career Planning；Unit 5 Language；Unit 6 Man and Animals；Unit 7 The Joy of Travel；Unit 8 Nature and Nurture和Unit 9 Music。

每一个单元的教学活动都是围绕某一个特定的主题，展开听、说、读、写、译技能的综合训练，强调语言技能的融会贯通、语言能力与文化素养的综合培养、批判精神和创新意识以及跨越国籍和文化差异的全球视野。每一个单元包括三个版块，每个版块的教学时数为2学时。第一版块的内容为形式多样的课前活动，如内容丰富、视角多样的视频、音频输入，设计灵活、富有启发的口语活动等，以激发学生的学习兴趣、智慧和参与精神，实现从语言知识到语言能力的转化。第二版块的内容以阅读为输入，注重提升学生的语言能力，培养学生获取信息、处理信息和整合信息的能力，同时加强引导学生思辨、创新地看待问题，帮助学生养成反思习惯。第三版块的内容以输出为主，通过富有挑战性的扩展活动，如辩论、个人展示、访谈、写作、翻译等，帮助学生学以致用，锤炼思想，培养思辨能力和提高跨文化交际能力，体现以输入为基础、输出为驱动的教学理念。

除了课堂教学以外，中心还要求全体修读大学英语III的本科生从浙江大学外语通识“悦”读平台所提供的五本原版英语书中选取其中一本进行精读。在阅读过程中，学生需要对每一章节的精彩内容进行摘抄并分析和归纳总结主要内容。在学期结束时，学生需要提交读书报告。通过“悦”读英文经典名著，学生能够潜移默化地提升语言能力、培养思辨能力和拓宽国际视野。

四、课程教学方法

大学英语III采用“以学生为中心的主题教学模式”，通过线上线下混合式的开放式的教学方法，提升学生的综合语言能力。

在线下的教学活动中，教师通过思想高度与深度兼备的语料、环环相扣的练习、应用性强的输出任务以及与学生之间的积极互动，全面提升学生的综合能力，培养全面、综合、高素质的国际化能力。设计的活动体现了“以学生为中心”的教学理念，尽可能地提升学生的参与度。同时，中心每学年组织各类英语竞赛，获奖学生可获得1个第二课堂学分。

在线上的教学活动中，学生需要通过在线平台自主学习与单元主题密切相关的背景知识、进行试听和阅读训练、巩固词汇、完成写作任务。线上教学内容具有交互式、自主性的突出优势，与线下课堂教学相辅相成，为学生提供一个个性化的愉悦体验。

五、课程评价方式

大学英语III对学生的评估采用形成性评估和终结性评估相结合的方式。

学生的考核分数由期末考试和平时成绩两部分构成，其中平时成绩占30%，期末成绩占70%。平时成绩包括课堂表现（5%，包括出勤、课堂参与、听写、作业等）、两次测验（15%，每次测验以机考的形式，涵盖四个单元的内容，题型包括复合式听写、词汇选择题、词汇拼写、短句翻译、选词填空、阅读理解和写作等）以及平时作文和读书报告（10%，包括四篇作文和一篇读书报告）。期末考试包括口试和笔试两部分。口试部分占期末成绩的10%，两位老师交换考试。口试以四位考生为一组，考生根据设定的情景和任务，进行互动讨论，表达个人意见和观点。笔试部分占期末成绩的60%，试卷由浙江大学大学英语的题库生成，题型包括听力（35%）、阅读理解（20%）、选词填空（10%）、词汇选择题（10%）、翻译（10%）和写作（15%）。

六、主要教学用书

[1] 应惠兰：《新编大学英语综合教程（3）》，外语教学与研究出版社，2012年版

[2] 何莲珍：《新编大学英语视听说教程（3）》，外语教学与研究出版社，2012年版

作者简介：

何莲珍，浙江大学外国语言文化与交流学院教授，研究方向为语言测试、应用语言学。Email: hlz@zju.edu.cn

方富民，浙江大学外国语言文化与交流学院副教授，研究方向为大学英语教学。Email: inolies@126.com

周颂波，浙江大学外国语言文化与交流学院副教授，研究方向为大学英语教学、

二语习得。Email: zsb2017@126.com
李航，浙江大学外国语言文化与交流学院副教授，研究方向为语言测试、应用语言学。Email: hanghanglee@vip.163.com

广东外语外贸大学基于形成性评价理念的大学英语教学方案

刘建达 陈金诗 广东外语外贸大学

【摘　要】广东外语外贸大学在全能提高型大学英语教学新体系建设总目标下，大英教改以形成性评价理念为指导，培养国际化背景下学生的基本语言技能、跨文化交际能力和专业发展等综合能力。实践证明，形成性评价理念适用于我国当前外语教学与评价新生态环境，它借助网络信息技术，以“课程币”和构建学生“电子学习档案袋”的形式，践行了翻转课堂与混合式教学新模式，解决了全国大学英语教学与人才培养中的共性问题。而重点建设专门用途英语，解决了学生学习学科知识过程中的语言问题。培养学生运用英语进行专业和学术交流的技能，是国际化人才培养的重要一环。

【关键词】大学英语；教学方案；形成性评价；专门用途英语

1. 方案背景

广东外语外贸大学是一所国际化特色鲜明的广东省属重点大学，是华南地区国际化人才培养和外国语言文化、对外经济贸易、国际战略研究的重要基地。现有在校全日制本科生19704人，博士、硕士研究生3375人，各类成人本专科生、进修及培训生、外国留学生20000余人。学校前身是广州外国语学院和广州对外贸易学院。广州外国语学院于1964年11月设立、1965年7月正式招生，是原国家教委（现教育部）直属的三所著名外国语大学之一。广州对外贸易学院成立于1980年12月，是原国家外经贸部（现商务部）直属院校，为全国国际经济与贸易学科的创始单位之一。1995年5月广东省人民政府将两校合并组建广东外语外贸大学（以下简称“广外”）。学校践行“明德尚行，学贯中西”的校训，以培养全球化高素质公民为使命，大力推进教育国际化战略，力争实现学生国际化、人才国际化、教学国际化、科研国际化和管理国际化。作为华南地区国际化人才培养和外语、外贸研究的重要基地，外语能力强是广外的重要育人特色。在如今的广外，非外语类专业学生占到所有在校生的3/4。大学英语作为广外的公共基础课，修读人数最多，影响面最大。因此，大学英语教学改革的成效和教学质量直接关系到广外国际化人才培养目标的实现，即以培养全球化高素质公民为使命，着力推进专业教学与外语教学的深度融合，培养“双高”（思想素质高、专业水平高）、“两强”（跨文化交际能力强、实践创新能力强），具有国际视野，通晓国际规则，能直接参与国际合作与竞争、有社会责任感的国际化人才。

1965年建校以来，广外牵头主持了高考英语标准化考试改革，并研发了大学英语专四、专八考试。与此同时，为了凸显外语特色，全面提高学生的英语综合应用水平，为跨文化交际能力打下坚实基础，保障大学英语更好地服务于国际化人才的培养目标，广外不断增强大学英语教改力度。2011年，广外获批为教育部第三批大学英语教学改革示范点院校，当时正值《国家中长期教育改革和发展规划纲要》出台，对于大学英语教学与国际化人才培养提出了全新要求，在此背景下，广外教学团队调研国内知名院校，着手开展“夯实基础、突出听说、全能提高型大学英语课程教学体系”建设（陈金诗、董金伟，2018），该体系搭建了较为完备的大学英语链条式、递进式课程模块，荣获了广东省第七届高等教育教学成果一等奖。一方面，它提高了学生的英语综合运用能力，特别是听说能力，对于实现大学英语教学的立体化和规范化、学生英语学习的个性化与自主化起到了重要指导作用。另一方面，设置了管理英语、物流英语、艺术英语、数学英语、统计学英语、计算机英语、营销英语、财经英语等近20门专门用途英语（以下简称ESP）课程，这些课程帮助学生学习学科相关的词汇、语块、语法、语篇等教学内容，促使学生在语言学习中积累掌握专业方面的英语知识，为衔接全英文授课提供了先期语言储备，也为大学推进专业教学与外语教学的深度融合起到了关键作用。2015年，伴随着大学国际交流和教学管理两大全新举措出台，广外大学英语教学改革向纵深开展。在国际交流上，广外“310”国际化目标建设不断推进，迄今为止，与美国、瑞士、芬兰等57个国家和地区的402所大学和学术文化机构建立了合作交流关系，学生出国、出境学习和国际学术会议的机会占16%以上。因此，广外借鉴日本大学教改经验，在大一阶段开设4个学分通用ESP课程，在大二阶段开设4个学分的进阶ESP课程，培养学生直接用英语与国际专业领域专家对话的能力。在教学管理上，广外改革考核方式，使用课堂评价与网络评价、过程评价与终结性评价相结合的考试评估系统，加大平时考核的权重，充分重视学生在课堂上的表现，使平时成绩占课程总评成绩的60%以上。为了平时成绩计算科学合理和帮助教师从烦琐的平时成绩计算中解放出来，也为了以评促学，广外借助网络信息技术开展“基于形成性评价的大学英语教学改革与实践”探索，从而使学生既重视读写，更重视听说；既重视考试结果，更重视学习过程，实现考核方式的网络化，向计算机智能化考试方向发展。

在院系设置上，由广外英语教育学院承担全校大学英语的教学任务，现在教职工140名，其中，专职教师130人，教授、副教授35人。专任教师中，拥有博士学位者42人，获取博士、硕士学位或研究生学历的教师占96%以上。此外，学院每年还聘请6~10名经验丰富、具有博士学位和硕士学位的外籍专家及5~8名云山学者、海外名师等高层次人才。为开展好大学英语教学，英语教育学院设置实践教学部、第一、第二、第三、第四教学部等教学机构负责英语实践活动以及大学英语系列课程之综合英语、ESP课程、网络英语视听说、文学文化和翻译等课程的教学、管理工作。在教学过程中坚持“以人为本，科学发展”的办学理念，落实指导学院全面发展的“123456行动纲领”，以大学英语教学为根本立足点，践履“国际化、校本化、个性化、人性化、立体化”的教学理念，凸显分级教学、网络英语教学、ESP教学、教师专业发展、英语第二课堂、学科层次提升等六大特色。实施诊断式教学督导、中外教师合作教学、校本教材开发，创新教研活动，取得了丰硕的成果。广外现为教育部大学英语教学改革示范点、广东省本科高校大学英语课程教学指导委员会秘书处单位。

2. 建设原则

广外基于形成性评价理念和突出ESP教学的大学英语教学方案，主要遵循以下几个建设原则。

2.1 建设“教、学、评、测”全过程管理教学体系

根据《大学英语教学指南（送审稿）》的精神，广外大学英语评价开始从传统的“对课程结果的终结性评价”向“促进课程发展的形成性评价”转变，尝试利用新的语言测试理论和现代教育技术构建评价体系。2015年，依托于国家“十二五”规划系列自编教材，广外联合北京外语讯飞教育技术有限公司，以形成性评价与综合性评价相结合的测评理论体系为指导，借助网络信息技术，开发

FIF智慧教学平台的教学评价系统，多层面、多维度记录课程教与学的全过程。具体而言，在课程设计中，利用网络信息技术实现课外自主学习形成性评价的成效，通过“课程币”评价模式（刘建达，2018）调动学生对课外自主学习的热情。在网络教师评价、学生相互评价中通过“课程币”体现学生的参与度与积极性。其中，教师依据平台可以监测学生学习的全过程，及时给予各种反馈，同时可回溯“学生学习档案袋”、查阅分析教研原始数据，积累科学研究一手素材。学生从平台中领取“课程币”，从被动接受知识过渡到主动学习并主动参与课外学习活动，同时也可以全程了解和追溯自己的学习进程，及时调整学习方法、提高学习效果。总体而言，通过师生相长的不断循环互动，教师从学生学习记录和提问中能不断地调整教学方法，根据学生能力的差异设计不同难度的学习任务，做到因人而异、因材施教，教学效果明显提高；学生英语应用能力及自主学习、自我管理、团队合作及解决问题等多方面能力全面提升；教研组长对课程的教学、测试以及师生间的互动进行全方位的监督和管理，整体有效促进课堂教学向“以学为主”“课内外结合”“形成性评价为主”、翻转课堂与混合式教学模式为主转变（图1）。

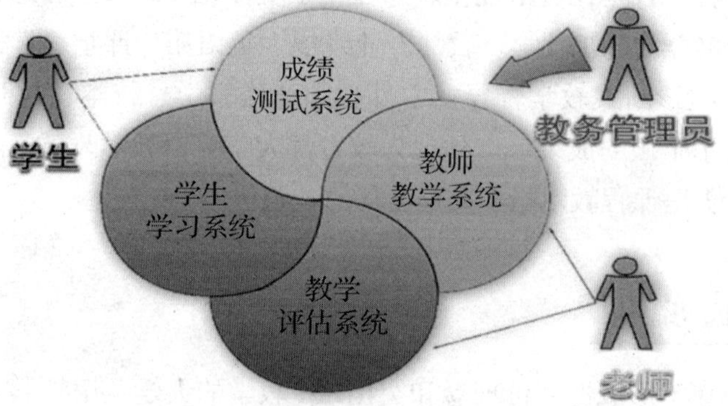

图1 过程化管理

2.2 构建“专业+外语”深度融合下的阶梯形ESP课程体系

ESP可分成通用ESP和专用ESP，前者主要帮助学习者掌握在学术环境（如全英语课程环境）中取得成功所需的英语学习技能，后者由于深入特定学科，比较注重专业文本的分析。相比较于清华大学把课程重点放在跨学科的通用学术英语技能（张为民等，2015）上，中山大学的学术英语课程将重点放在培养“能够参与国际事务与国际竞争的人才”，强调跨学科的多元文化交际能力、思辨能力及语言使用上（王春岩，2018），广外ESP课程建设则紧紧围绕国际化人才培养目标及“专业+外语”深度融合的教学理念，在学生需求调研的基础上设置阶梯形ESP课程体系，并加大从美国、澳大利亚、新西兰、中国香港等地一流高校引进具有复合型学科背景的外籍教师和应届博士，组建高水平师资队伍。

具体而言，前置性的通用ESP课程在第一、第二学期开设，面向全校非语言类、非艺术类大英学生开展，培养学生在专业领域的国际竞争力，提高学生用英语进行专业学习、研究和交流的能力，为学生的全英专业课程做好语言、内容和技能上的准备。课程教学上，以教育、交流、文化、科技等主题单元为内容依托，贯穿描述和定义、运用证据、分类、观点衔接、描述过程、比较与对比、事实和观点、论证、因果关系等十二个学术核心技能。各单元在听说读写四大模块中设计任务，辅之以学术语言及思辨技巧，在语言、认知和文化三方面全面提高学生学术英语能力。而进阶类的ESP课程在第三、第四学期开设（部分专业在第五、第六学期），根据学生本科专业不同分类设置课程，并采取案例教学法、任务教学法等差异化教学方式，设定不同教学目标。例如：财经英语课程通过有机结合基础英语技能和财务、金融专业知识，帮助学生熟练掌握财务、审计、金融等领域内的词汇、术语、句法、表达特点和语言运用规律，强化口头表达能力、阅读理解能力和商务写作能力，尤其是运用已学的财务和金融知识，用英语描述财务、金融的基本原理、方法与技能。

3. 大学英语教学目标

大学英语是事关广外人才培养的核心课程，作为广外非英语专业学生的必修课，贯穿一、二年级四个学期。在教学过程中，依托广外国际化特色鲜明的人才培养目标，主要强化学生“五种”能力，尤其是跨文化交际能力的培养，促进专业教学与外语教学的深度融合。在课程设计上面，根据学生的专业属性及生源结构，分为基础、提高、发展三个等级。

根据广外课程设计，基础等级一般针对艺术专业类学生、部分西部地区生源，该部分学生英语基础较弱。对于此类学生，大学英语教学主要任务是强化英语技能训练，以开设通用英语课程为主。提高等级和发展等级一般根据大一入学时的分级考试确定。学时和学分相同，课程内容和难度系数不同。对于国际组织、会计、经贸、管理等创新班学生，我校大学英语按照发展等级进行培养，力求培养一批英语水平好、有创造力的卓越优秀人才。

在分级教学的基础上，广外大学英语要完成以下两类目标：

第一、根据《国家中长期教育改革和发展规划纲要》的精神，中国高等教育的重要目标之一是“培养具有国际视野、通晓国际规则，能够参与国际事务与国际竞争的国际化人才”，广外大学英语教学要围绕该总体目标，为培养学生参与国际事务和国际竞争时所需要的英语沟通能力服务。

第二、广外在实现国际化人才的培养目标中，要稳步推进师资国际化、课程国际化、学生国际化。广外大学英语教学服务于大学高等教育国际化这一目标。一、作为老牌的外语外贸类院校，广外有较好的外语教学渊源和传统。二、人才培养口碑好，毕业生就业率高，生源优秀。三、学生就业渠道偏向于涉外性质的部门和行业，在世界500强企业就业的比率高。四、学校管理层充分支持大学英语教学，下放自主权，并给予充足学分。在这些得天独厚的条件下，广外大学英语教学要完成以下具体任务：

（1）广外大学英语教学不仅应满足于帮助学生获得基础的英语学习技能，课程设置中还要涵盖用英语开设相关学科基础课程部分，即在打好通用英语基础的前提下，开设ESP课程。一方面为了学生出国交流交换及走向国际学术交流平台打下基础，另一方面也为了服务于后阶段的全英/双语的专业英语课程，获得在学术和职业领域进行交流的能力。要前瞻性地反映出大学英语在专门用途英语上的工具性属性，在人才培养的过程中，把大学英语的教学目标定位为：英语能力+专业知识=用英语从事专业活动和国际交流的能力。

（2）广外大学英语教学的目的不仅仅在于语言技能的掌握，还在于提高学生跨文化背景下的人文素养。根据《大学英语教学指南（送审稿）》的要求，大学英语课程的重要任务之一就是跨文化交际。要开设文学、文化、影视英语等课程，帮助学生阅读经典，了解国外的社会和文化，体验融入语言背后的文化氛围，感受文化魅力，提高人文主义精神修养。

4. 大学英语教学体系及课程设置

4.1 大学英语教学体系

为了适应新形势对大学生外语综合应用能力的更高要求，探索一条具有校本特色的大学英语教学途径，根据《大学英语课程教学要求》（2007）和《大学英语教学指南（送审稿）》的指导原则，广外深化大学英语教学改革，以多模态教学理论为指导，以“国际化、规范化、立体化、校本化、个性化”为理念，贯彻“分级教学、分类指导、因材施教”原则，瞄准“一流教师队伍、一流教学内容、一流教学方法、一流教材、一流教学管理”的教学目标，凸显“分级分类教学、网络自主学习、ESP教学、课外延伸学习、教师专业发展”的大学英语教学特色，贯彻“以学生为中心、以教师为主导”的教学理念，努力推进和打造全能提高型大学英语教学新体系，其中，重点是建设ESP课程体系，解决教学体系构建、教学模式创新、教学资源与环境、课程与教材体系、教学评估体系、教师团队建设中的具体问题，培养和提升学生听说读写译的英语综合运用能力、文学修养和文化意识、专门用途英语能力、自主学习能力和跨文化交际能力，服务于高水平国际化人才培养目标。在教学方法上，以“后方法”的教学思想为指导，以分级教学为突破口，开展多模态综合英语教学；以建构主义为指导、以多模态教学法为理论，基于网络平台开展多模态影视和视听说教学。借助于网络平台资源充实或辅助课堂教学，为教与学提供多种感官体验和刺激的多模态语境，实现教学内容与媒体间真正网络化、立体化、多模态化的生态整合。

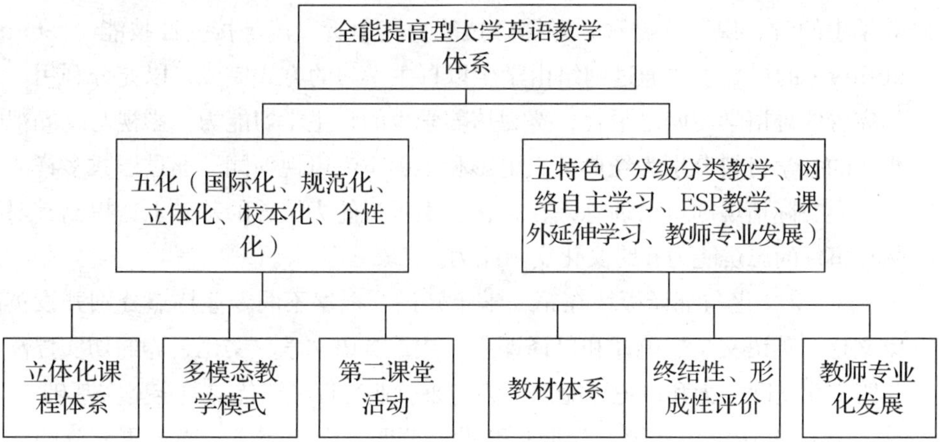

图2 广外大学英语教学体系图解

4.2 大学英语课程设置

根据《大学英语课程教学要求》和《大学英语教学指南（送审稿）》，我校大学英语分为通用英语课程、ESP课程、跨文化交际课程等三大部分。

通用英语课程是我校大学英语课程的基本组成部分。目的是培养学生英语听、说、读、写、译的语言技能，同时教授英语词汇、语法、篇章及语用等知识，增加学生的社会、文化、科学等基本知识，拓宽国际视野，提升综合文化素养。根据分级考试的安排，学生通用英语课程分为基础、提高和发展三个级别。

ESP课程是广外大英重点建设课程，以英语使用领域为指向，以增强学生运用英语进行专业和学术交流、从事工作的能力，提升学生学术和职业素养为目的，包括通用ESP和进阶ESP两大课程群。

跨文化交际课程旨在进行跨文化教育，帮助学生了解中外不同的世界观、价值观、思维方式等方面的差异，培养学生的跨文化意识，提高学生社会语言能力和跨文化交际能力。

在校本特色的基础上，广外大学英语这三大板块具体对应的名称为：基础英语、文化与翻译、ESP，其中基础英语板块主要以分级教学为主，基于专业的ESP板块以自然班教学为主。这样既充分体现“分级教学、分类指导、夯实基础、突出听说”的原则，又益于推进外语教学与专业教学的深度融合。

（1）基础英语板块细化为综合英语板块、影视与新闻英语视听说板块。

综合英语板块是指基础阶段的综合英语和网络自主学习课程的教学，其中，网络自主学习的内容，由学生课后自主完成，但计入成绩总分。在第一学年培养学生的听、说、读、写、译综合技能，其中听、读等接受性技能（receptive ability）的提高主要通过网络由学生以自主学习的方式完成，以充分利用广外较为完善的外语学习网络平台，努力培养学生的自主学习能力。影视与新闻视听说板块的教学材料分别为经典英文电影和英美主流电视新闻，通过形式多样的、模拟真实交际情境的口语训练，在强化学生听说能力培养的基础上，提高其对社会热点事件的思辨能力和跨文化交际能力。

（2）文化与翻译板块在第二学年开设，根据不同专业特点分别开设英语国家文化、英语文学、笔译和口译课程。注重英语文学、文化素养的切实提高，强化跨文化交际能力和口笔译能力，为将来就业发挥英语优势奠定坚实基础。

（3）ESP板块从第一学期起开设，分四个学期完成，通过更充分的学时保证，进一步促进外语教学与专业教学的深度融合。前两个学期是通用ESP课程，后两个学期是进阶ESP课程。

根据入校分级考试和高考英语成绩进行分级，增加更高要求（即A班）学生的比例；针对一般要求（C班）、较高要求（B班）和更高要求（A班）三个级别24学分大学英语课程的学生，开设课程的内容和难度不同，学时、学分相同。

在板块之下，各包括两大类，再细化到具体课程。实现了基础课程、听说课程、网络视听说课程、写作课程、文学与文化课程、笔译与口译课程、通用ESP课程与进阶ESP课程的有机衔接，多层面、多角度、多方位培养学生的英语综合运用能力，保障专业教学与英语教学深度融合。

具体而言，大多数专业的大学英语24学分，日语和法语、俄语等热门西方语种的大学英语10学分，东南亚语种和西语中的希腊语、波兰语、塞尔维亚语、捷克语的大学英语40学分，各类创新班大学英语学分在24~32学分之间。除40学分的专业还在第六学期、第七学期开设大学英语外，其他的大学英语在第一至第四学期开设完毕，每学期开设16周。

课程设置详见表1：

表1 广东外语外贸大学大学英语课程体系

<table>
<tr><td rowspan="3">课程性质</td><td colspan="18">大学英语课程体系</td></tr>
<tr><td colspan="9">基础英语板块</td><td colspan="6">跨文化交际板块</td><td colspan="3">专门用途英语板块</td></tr>
<tr><td colspan="6">综合类</td><td colspan="3">视听说类</td><td colspan="4">文化类</td><td colspan="2">翻译类</td><td colspan="2">通用类</td><td>进阶类</td></tr>
<tr><td>学分</td><td>8</td><td>0</td><td>2</td><td></td><td></td><td></td><td>2</td><td>2</td><td>2</td><td>2</td><td>2</td><td>2</td><td>2</td><td>2</td><td>2</td><td>2</td><td>2</td><td>4</td></tr>
<tr><td>全英班/创新班</td><td>读写+口语</td><td>网络自主学习</td><td>英语写作</td><td></td><td></td><td></td><td>影视英语</td><td>网络视听说（1）</td><td>网络视听说（2）</td><td>英语国家文化</td><td></td><td></td><td>英语文学</td><td>实用翻译</td><td></td><td>基础ESP（1）</td><td>基础ESP（2）</td><td rowspan="4">经贸英语
管理英语
营销英语
金融英语
财经英语
会计英语
物流英语
法律英语
外交英语
新闻英语
广告英语
统计学英语
计算机英语
数学英语
艺术英语</td></tr>
<tr><td>A班（发展段）</td><td>读写+口语</td><td>网络自主学习</td><td></td><td></td><td></td><td></td><td>影视英语</td><td>网络视听说</td><td></td><td>英语文化</td><td></td><td></td><td>英语文学</td><td>笔译</td><td>口译</td><td rowspan="2">基础ESP（1）</td><td rowspan="2">基础ESP（2）</td></tr>
<tr><td>B班（提高段）</td><td>读写+口语</td><td>网络自主学习</td><td></td><td></td><td></td><td></td><td>影视英语</td><td>网络视听说</td><td></td><td>英语文化</td><td></td><td></td><td>英语文学</td><td>笔译</td><td>口译</td></tr>
<tr><td>C班（基础段）</td><td>读写+口语</td><td>网络自主学习</td><td></td><td></td><td></td><td></td><td></td><td></td><td></td><td></td><td></td><td></td><td></td><td></td><td></td><td></td><td></td></tr>
<tr><td>中文专业</td><td>读写+口语</td><td>网络自主学习</td><td></td><td></td><td></td><td></td><td>影视英语</td><td>网络视听说</td><td></td><td>英语国家文化（1）</td><td>英语国家文化（2）</td><td>英语文学选读（1）</td><td>英语文学选读（2）</td><td>笔译</td><td>口译</td><td></td><td></td><td></td></tr>
<tr><td>西语专业</td><td>读写+口语</td><td>网络自主学习</td><td></td><td></td><td></td><td></td><td></td><td>网络视听说</td><td></td><td></td><td></td><td></td><td></td><td></td><td></td><td></td><td></td><td></td></tr>
</table>

（续表）

课程性质		大学英语课程体系																	
		基础英语板块									跨文化交际板块						专门用途英语板块		
		综合类						视听说类			文化类				翻译类		通用类		进阶类
学分		8	0	2				2	2	2	2	2	2	2	2	2	2	2	4
东语专业	日语	读写+口语	网络自主学习						网络视听说										
	其他	读写+口语	网络自主学习	中级英语写作	高级英语写作	高级英语（1）	高级英语（2）		网络视听说（1）	网络视听说（2）	英语国家文化		英语文学		实用翻译	专题口译			

广外根据教学计划和师资情况，开设以下大学英语课程：综合英语（一）、综合英语（1）、综合英语（二）、综合英语（2）、综合英语（三）、综合英语（3）、综合英语（4）、综合英语（四）、综合英语（5）、综合英语（6）、英语视听说1 、英语视听说2、英语视听说3、英语视听说4、网络视听说、网络视听说（1）、网络视听说（2）、影视英语、英语国家文化、英语国家文化（1）、英语国家文化（2）、英语文学、英语文学选读（1）、英语文学选读（2）、实用翻译、实用翻译（1）、实用翻译（2）、专题口译、笔译、口译、基础ESP1、基础ESP2、财经英语（1）、财经英语（2）、法律英语（1）、法律英语（2）、管理英语（1）、管理英语（2）、计算机英语（1）、计算机英语（2）、经贸英语（1）、经贸英语（2）、科技英语、数学英语（1）、数学英语（2）、统计学英语（1）、统计学英语（2）、物流英语（1）、物流英语（2）、营销英语（1）、营销英语（2）、外交英语（1）、外交英语（2）、新闻英语（1）、新闻英语（2）、广告英语（1）、广告英语（2）、中级写作、高级写作、高级英语（1）、高级英语（2）、高级英语写作、外贸函电、商务谈判技巧、商务英语写作、商务口译、商务笔译、英语学习与批判性思维。

当前，广外大学英语课程充分利用信息技术构建多元的教学与学习环境，鼓励教师建设和使用微课、慕课，利用网上优质教学资源改造和拓展教学内容，实施基于课堂、在线网上课程的翻转课堂等混合式教学模式，使学生朝着主动学习、自主学习和个性化学习的方向发展。广外也建立网上交互学习平台，提供涵盖教学设计、课堂互动、教学辅导、学生练习、作业反馈、学习评估等环节的完整教学体系。广外正在建设影视英语、英语国家文化、金融英语、管理英语等多门大英慕课课程，已经建设完成的《市场营销英语》在中国大学MOOC平台点击率高，评分4.8分，主要教学内容有就市场营销话题进行对话、就专业话题进行3分钟左右的即兴演讲、撰写基本的营销计划和市场调查报告等，该种线上线下融合的混合式教学模式更符合新一代大学生的学习兴趣。

5. 大学英语评价体系

教学评价是大学英语课程教学的一个重要环节。全面、客观、科学、准确的评价体系对于实现课程目标至关重要。广外改革考核方式，使用课堂评价与网络评价、形成性评价与终结性评价相结合的考试评估系统，加大平时考核的权重，充分重视学生在课堂上的表现，使平时成绩占课程总评成绩的60%以上。

广外依靠FIF智慧教学平台的教学评价系统，在各课程组大力推动形成性评价，以此强调学习过程的重要性，弱化终结性考试。教学评估平台上设置有平时成绩的详细评估项目和评估比例，例如课堂参与、小组作业、展示汇报、课本自主学习、课外资源分享、班级交流互动、课堂出勤、教师奖惩教学活动，每个项目根据不同的权重在平台上设置2%~12%不同比例以及获得“课程币”的详细规则，学生每完成某项学习任务，就可以自动获得相应的“课程币”。学生学习成长电子档案袋全程、动态记录其学习过程。本教改成果设置的这些教学活动和激励规则，能充分地调动学生的学习积极性和主观能动性。教师在课堂上组织和引导学生参与教学、对学生的表现及时有效地反馈，促进教与学的成效。

5.1 英语分级考试

学生第一学期入学时进行英语水平分级考试，按照考试成绩划分一般要求（C班）、较高要求（B班）和更高要求（A班）三个级别。每个等级的学生大学英语课程都为24学分，学时相同，学习内容和难度不同。分级考试采用机考的形式，试题从试题库中随机选择，利用信息技术，保证试题的信度和效度。

5.2 英语水平考试

英语水平考试对大学生的实际英语能力进行客观、准确的测量，也为大学英语教学提供服务。广外要求在校学生参加全国大学英语四、六级考试，并允许学生多次参加全国大学英语四、六级考试，以提高英语水平。根据最近全国高校四六级平均分排行榜，广外四级均分541，六级均分459，位列全国第11名。同时，广外建立大学英语能力测试与评估研究中心，为校级人文社科重点研究基地。该基地承担测试与评价理论研究、语言测量改革、英语水平测试等功能，为科学评价广外大学英语提供理论与技术支持。

5.3 形成性评价

根据《大学英语教学指南》的要求，形成性评价是大学英语课程发展的方向。在此基础上，同伴评价是形成性评价的重要内容之一。广外大学英语教学注重同伴评价。一方面依托现代教育技术，教师远程控制学生互评情况，增加互评活动比例，形成同伴互评促评氛围。另一方面注重培养学生课外自主学习能力。比如：《综合英语》课程组要求学生自行制定学习计划，根据自身语言水平寻找适当的外语视频、音频、文本资料，在阅读、收听、观看学习资料中反思进步，并通过积累课程币，动态、直观地获取自己及他人学习情况。

5.4 课程评价

广外大英课程构建“校本评价与其他多样化评价相结合”的综合评价体系，对课程体系的各个环节开展全面、客观、公正的评价，及时、有效地为课程和教学提供反馈信息，推动课程的建设与发展。大学英语课程综合评价体系的指标包括：课程设计、教学目标、教学方法和手段、教学内容、评价与测试、教学管理、教师发展等。课程评价应根据上述评价维度，定期采集并分析相关数据，发布评价结果报告。大学英语课程综合评价体系以学校内部开展的自我评价为主，其他多样化的外部评价为辅。各级教师每学期认真查看学校发布的《本科教学学生评价总结》和督导撰写的听课报告，定期查阅广外《教学动态》，对于教学中反馈的问题，学院及时跟进并予以解决，切实提高课程教学质量。同时，学校和学院都出台校、院两级听课管理规定，明确要求院领导、系部主任、教研室主任每学期听课6小节，普通教师听课4小节。近年来，广外大英教师听课率100%，平均听课节数在5小节左右，通过互评互促，切实更新了教学理念和教学内容，形成了师师互长的良好氛围。

6. 大学英语教学管理

教学管理是学校为实现人才培养目标，保证大学英语教学质量的重要保障机制。广外大学英语教学管理根据学校人才培养目标，切合实际地制定校本大学英语教学大纲，指导、组织、规范大学英语的日常教学、评价和管理工作。

大学英语教学采用学校、院系和教研室（教学中心）三级管理机制，倡导“以学校为主导、以院系为主体，以教研室为基础”的运行机制，落实“教、学、管集成”的教学管理理念，不断提高大学英语教学管理水平和管理效能。

在信息技术和外语课程融合的大背景下，大学英语教学管理本身也突出信息化应用的特征。广外大学英语教学管理按照学校规定使用强智数字化平台进行教务运行管理，实行排课、教室调度、调停课申请和审批、成绩录入和审核、学分互换和录入等多个模块功能的数字化管理。各教学参与人在使用教学账户操作时，要遵守各级规定，严格规范，并注重安全、保密。

鉴于大学英语的教学特征，广外积极创造条件，有计划引进外籍教师参与大学英语教学，保证外籍教师每年在岗人数为6~10人，并且严格聘用条件，由各教学部、各教研小组负责对外籍教师进行教学安排和指导。在教学人员安排上，统筹外籍教师和中方教师的教学特色和专业特长，既考虑到每名外籍教师都能进每个班级，又发挥中方教师专业基础更扎实的现实情况，平衡各方情况，达到最佳教学效果。广外大英现有外籍教师年龄梯队合理，教学经验丰富，其中有3人以上具有英语、美国著名高校博士学位，他们担任的文学文化课程、写作课程、经贸英语、计算机英语等课程，深受学生喜欢。

在教学安排上，《综合英语》等通用类英语课程采用模块教学，班级人数在40人至60人之间，进行分级教学的课程，优先安排时间和人员。其他课程统一按照自然班开设。每个任课教师大学英语工作量根据教学科研型、科研型、教学为主型的岗位性质不同，每周基本工作量在8~14自然节之间，教学周为每学期16周。

在大学英语学分互认上，遵守学校的相关规定。对于通过学校派遣或者国家留学基金委派遣出去的境外交流项目的学生，若该生在国外获得相似课程的英语课程学分，可按照学校规定办理学分互认手续。对于不能互认的学分，按学校规定，参与免听不免考或补修等工作。对于广外已加入的高校联盟开设的共享大学英语课程或广外认可的网络大学英语课程，可以按照课程相似原则、学分学时对等原则、课程成绩及格等原则参加学分认定，具体操作以学校规定为准。

参考文献

陈金诗、董金伟. 2018. 全能提高型大学英语课程教学体系的创构与实践——以广东外语外贸大学为例[J]. 山东外语教学 39(6): 52-61.

刘建达. 2018. 中国英语等级量表与形成性评价[C]. 广东外语外贸大学教师发展论坛第78讲暨形成性评价教学交流会议.

王春岩. 2019. 全球20所大学学术英语能力内涵调查及对我国的启示[J]. 解放军外国语学院学报 42(03): 56-63.

张为民、张文霞、刘梅华. 2015. 研究型大学英语教育体系的构建与探索——以清华大学为例[J]. 现代外语(1): 93-101.

附录：课程教学大纲范例

《综合英语（一）》（JY50321）课程教学大纲

课程编号：JY50321

课程性质：公共英语课

教学时数：周学时6（其中两学时为网络自主学习），总学时108

学分：6

先修课程：高中英语

教学目的与要求：

大学英语是高等教育的一个有机组成部分，《综合英语（一）》课程是我校艺术学院学生的必修课。新大学英语综合教程是以英语语言知识与应用技能、学习策略和跨文化交际为主要内容，以外语教学理论为指导，并集多种教学模式和教学手段为一体的教学体系，是一门语言基础知识课程，也是拓宽知识、了解世界文化的素质教育课程。《综合英语（一）》的教学目标是：在继续培养学生五项技能的基础上侧重读写译能力的培养和训练，培养学生的自主学习能力、提高其综合文化素养，以适应我国经济发展和国际交流的需要。

教学要求：累计词汇达到3 000词，其中积极词汇1 500词。具体标准为：

听：能听懂语速每分钟110~150wmp的简短会话、谈话、报道或讲座，掌握其中心大意，抓住要点和有关细节，领会讲话者的观点和态度。

说：能就某一主题或图片进行连续5分钟左右的较流利的陈述，对热门话题能进行一般性辩论。

读：能顺利阅读有一定语言难度的一般性题材的文章、掌握中心大意以及说明中心大意的事实和细节，并能进行一定的分析、推理和判断，领会作者的观点和态度，阅读速度达到每分钟80词。在阅读篇幅较长、难度略低、生词不超过总词数3％的材料时，能掌握中心大意，抓住主要事实和有关细节，阅读速度将达到每分钟100词。

写：能在阅读难度与课文相仿的书面材料时做笔记、回答问题和写提纲，能就一定的话题或提纲在半小时内写出150词的短文，能写短信或便条，表达意思清楚，无重大语言错误。

译：能借助词典将难度略低于课文的英语短句译成汉语，理解正确，译文达意，译速为每小时200英语单词。能借助词典将内容熟悉的汉语文字材料译成英语，译文达意，无重大语言错误，译速为每小时250汉字。

使用教材：

1. 网络自主学习：《新大学英语视听说教程》第1册，武汉大学出版社，2011。

2. 综合英语读写：《新大学英语综合教程》第1册，武汉大学出版社，2011。

授课内容：

以教育部颁布的《大学英语课程教学要求》为指导，充分考虑与基础阶段英语教学的衔接，结合新一代大学生的知识结构与思维特点，主题内容以人与人、人与自然、人与社会的关系为主线。所选文章与视频材料注重语言质量、文化内涵、思想深意与创作视角，既有经久传诵的文学佳作，也有风格独特的优美时文。语言地道，贴近实际，鲜活生动。

在练习与活动设计上注重对学生英语综合应用能力的培养和学习策略与创新思维能力的有效提高。提供课堂教学与网络自主学习所需要的立体化资源。《综合教程》与《视听说教程》主题呼应，相互配合，训练多种技能。同时，每一单元内各板块环环相扣，内容彼此联系，技能互为补充。

考核方式：

该课程的考核方式为平时和期末考试相结合。

成绩分布：

课堂考勤占10%，平时成绩占40%（其中network learning 占20%，presentation占10%，oral test 占10%），期末考试成绩占50%。

《英语国家文化》课程教学大纲

课程编号：JY50420

课程类别：公共基础课

教学时数：周学时2；总学时36

学分：2

先修课程：综合英语

教学目的与要求：

本课程旨在使学生了解西方国家，特别是英美国家的社会、文化、宗教、历史、经济、地理、教育、风土人情、意识形态等方面的文化概况；提高中西文化对比的意识，促进跨文化交际的能力；巩固和提高学生使用英语的能力；提高学生分析社会、历史及文化问题的能力。

使用教材：

（1）陈静，《西方社会》，科学出版社，2014

（2）吴霞辉，《西方社会与文化》，科学出版社，2006

（3）自编散页教材；

（4）自选视频音像资料。

参考书目：

（1）邓炎昌 刘润清，《语言与文化》，外语教学与研究出版社，1994

（2）肖惠云，《当代英国概况》，上海外语教育出版社，1996

（3）周静琼，《当代美国概况》，上海外语教育出版社，2003

（4）朱永涛，《英美文化基础教程》，外语教学与研究出版社，1995

授课内容：

本课程主要以下列主题作为教学的切入点：西方文化概论、政治制度、宗教信仰、教育制度、商业文化、大众传媒、娱乐休闲、家庭与福利等。通过这些主题的学习与探讨，透视西方社会与文化的主要方面，并在此基础上从对比的角度探讨中西文化的异同，在了解西方文化的同时加深对本国文化的理解，从而更顺利地进行跨文化交际。

考核方式：

该课程的考核方式为笔试。

成绩分布：

课堂考勤参与10%，课堂展示20%，书面测验或作业20%；期末考试50%。

《法律英语（1）》课程教学大纲

课程编码：JY50201

课程性质：公共基础课

教学时数：周学时2；总学时36

学分：2

先修课程：大学英语、法学基础课程

教学目的与要求：

本课程是针对法学、国际经济法和知识产权法专业三年级学生开设的专门用途英语性质的课程，目的在于引导已具有法律专业知识基础和英语基础的学生进行法律专业英语的学习。本课程的教学目的和要求分为两个层面——基本层面和较高层面。其基本层面的目的和要求旨在训练学生的法律专业英语语言技能，尤其是积累法律专业词汇、术语、表达特点和语言运用规律，法规或合同中的长句难句分析，对多种不同类型法律文本的阅读理解能力，法律翻译规律的掌握和操练以及专业写作练习（如案例报告）等；较高层面的目的和要求是在把握了专业语言这个媒介的基础上，拓展和强化法律知识（国际经济法领域）的学习，培养学生理解、思考、分析法律英语材料中体现出的法律现象、法律问题及法律关系，并在大量的案例分析中训练学生的思考分析能力和逻辑推理能力。

使用教材：

International Business Law and Its Environment. Richard Schaffer, Beverley Earle, Filiberto Agusti. 4th ed. Cincinnati: South-Wester College Publishing. 2004

参考书目：

（1）*Fundamentals of Business Law*. Roger LeRoy Miller, Gaylord A. Jentz. 1990

（2）杜金榜 张新红，《法律英语核心教程》，对外经济贸易大学出版社，2002

（3）何家弘，《法律英语》，法律出版社，1997

授课内容：

本课程选取英语原著的法律专业教材，以合同法知识的介绍为主，从一般合同法理论基础入手，主要学习联合国国际货物销售合同公约（CISG）、英美法的一般合同法理论以及相关的中国合同法原则等；在学习和理解了法律原理和原则的基础上，引入相关案例，进行相应的案例分析。

考核方式：

该课程的考核方式为考试。

成绩分布：

由平时成绩（50%）与期末书面考试成绩（50%）构成，其中平时成绩包括课堂考勤+课堂表现（10%），每周课后案例分析作业（10%），小组案例分析课堂演示（15%），每月课堂小测（针对专业术语和词汇）（15%）。

《基础ESP1》（JY50751）课程教学大纲

课程编码：JY50751

课程类别：通识课程（必修）

教学时数：周学时 2，总学时 32

学分：2

先修课程：高中英语

教学目的与要求：

服务广外国际化人才培养目标及“专业+外语”深度融合的教学理念，培养学生在专业领域的国际竞争力，提高学生用英语进行专业学习、研究和交流的能力，为学生全英语专业课程做好语言、内容和技能上的准备。

培养学生在学术环境中用英语交流的能力；

提高学生在专业领域内的英语应用能力（听、说、读、写）；

提高学生的学术素养、思辨能力以及学术背景下的跨文化意识和交际能力。

学术英语能力目标：

听

能掌握各种一般英语听力技巧；了解听学术讲座的各种策略；能听懂语速一般、发音比较标准的短篇学术演讲和专业讲课；能总结大意并记录重点；能就讲座的主题和大意进行提问和回答。

说

能在专业学习的课堂上用英语就学习内容或研究进行简单的演示和汇报；能用各种提问句型来获取不太复杂的信息；能经过准备就一般交流观点和数据、阐明观点或立场，语音语调可以理解；能掌握学术讨论的策略，如如何支持和反对他人的观点、如何打断别人的发言等。

读

能掌握各种获取信息的阅读策略，并根据不同的阅读目的和文本类型，选择适当的阅读方法；能阅读一般性较长篇幅的学术文章（即科普性质的文章）和专业教材并能记笔记；能基本读懂本专业的英语教材和英语文献；能识别和归纳文献中的主要思想；能区别事实和观点，判断各种资源文献的可靠性和可信性，学会批判性思辨阅读方式。

写

能掌握主题句、定义和分类、阐述和说明、原因和分析、比较和对比等写作技巧；能掌握书面表达的词汇和句法，以及委婉模糊的表达策略；能运用上述技巧完成专业课程的作业和考试；能描写表格和图表中的信息；能撰写简单的文献综述和学术论文摘要；能掌握学术写作的基本规范，识别学术写作中的一般剽窃现象。

教学方式：

课堂讲授、任务型教学、讨论

使用教材：

Oxford EAP: A Course in English for Academic Purposes

参考书目：

1.《学生综合英语》，上海外语教育出版社，2008

2.《综合学术英语教程》，上海交大出版社，2013

授课内容：

以教育、交流、文化、科技等主题单元为内容依托，贯穿描述和定义、运用证据、分类、观点衔接、描述过程、比较与对比、事实和观点、论证、因果关系等十二个学术核心技能。各单元在听说读写四大模块中设计任务，辅之以学术语言及思辨技巧，在语言、认知和文化三方面全面提高学生学术英语能力。

考核方式：

该课程的考核方式为平时和期末考试相结合。

成绩分布：

平时成绩占50%（其中考勤10%，homework占10%，research report占15%，presentation 占15%），期末考试成绩占50%。

教学设计

深层学习视角下的大学英语翻转课堂设计

蒋玉梅 南京大学

【摘　要】 深层学习旨在促进学习者对深层意义的获得，对于提升学习动机、学习策略、学习结果具有重要的意义。深层学习与翻转课堂的融合有利于拓展教学的深度和广度，提升学习的效率和质量。本文基于深层学习周期的六个步骤，对“英语电影视听说与文化赏析”课程进行了设计，课程设计区分了课前、课上、课后三个阶段，每个阶段都融入了深层学习的教学策略，使课内和课外的教学相互衔接，使线上和线下的学习互为补充，从而真正实现学生高阶、深层能力的形成。

【关键词】 深层学习；翻转课堂；大学英语

伴随着教育理念和技术的日新月异，翻转课堂成为教学改革的新热点。然而，翻转课堂虽享有颠覆传统教学的美誉，实际教学效果却参差不齐。一些教师单纯追求形式的翻转，而不去关心教学目的能否更好实现，也不去探究教学效果是否得以提升。越来越多的翻转课堂实践者已经意识到教学次序的颠倒只是翻转课堂的“形”，而先进的教学理念才是翻转课堂的“神”；通过精心的教学设计，把理念的先进和形式的革新有机结合起来，才能实现教学质量的本质飞跃。本文从深层学习的理论视角出发，结合深层学习的教学路径与以学生为中心的翻转课堂形式，融合开放的课堂环境与迅捷的教育技术，对大学英语课程进行科学设计，从而实现教学深度和广度的双重拓展。

1. 深层学习的内涵与策略

深层学习（Deep Learning）作为当代学习科学的重要概念，由瑞典哥德堡大学两位学者Marton与Saljo在1976年提出，两位研究者发现学习者对学习任务有不同层次的理解和感知，学习过程也呈现出浅层和深层的差异，从而产生不同层次的学习结果。深层学习是学生通过运用多步骤的分析与加工策略，如概念转变、认知结构养成、资源交互、反思再认等，使学习者获得知识的深层认识、积极的学习情感以及有效的学习策略的过程。相对于浅层学习，深层学习不再停留在对知识的了解和识记层面的简单记忆与复制，更加注重对深层意义的获得（Marton & Saljo, 1976）。澳大利亚学者Biggs基于Marton等人的研究成果，在20世纪70年代末进行有关“学生学习方法”的研究，在其编制的“学习过程问卷”中将学习过程分为“浅层”“深层”和“目的达成”三个层次，并针对每个层次编制相应的学习动机和学习策略量表。Biggs在80年代还进行了学习结果的研究，依据学习结果的复杂性进行分类，提出了SOLO分类法，用于评估学生学习的质量，成为深层学习评价的重要工具（Biggs, 1982）。可见，深层学习的相关研究对学习过程、学习方法和学习结果进行了关照，同时在心理学研究视角下，提出了以“理解”为核心的学习质量观，并试图用可度量的方式进行描述。

深层学习在内涵上包含深层动机与深层策略两个方面，具备以下五个特征（吕林海，2016）。第一，深层学习是一种建基于学习者自身经验的学习。第二，深层学习是一种致力于建构知识结构的学习。第三，深层学习意味着一种学习者对知识和观点的批判性检视。第四，深层学习意味着记忆那些对理解非常重要的内容。第五，深层学习是一种在学习过程中不断反思、不断监控的学习。

对于促进深层学习的教学策略，吕林海（2016）认为可以从目标设计、认知起点、教学方法、及时反馈、智慧教学五个方面着手，具体表现为教学目标的预先设计和阐明、对学生认知起点的辨析、选择合适的教学方法、对学生的及时反馈、培养思维、涵养智能的智慧教学。李利（2017）提出了四项促进深层学习的教学策略：以学生的已有知识为起点、帮助学生发展学科知识的概念框架、参与情境性的实践、关注学习的外显化和表达。温雪（2017）把深层学习的教学策略分为两大方面：促进深层学习过程的教学策略和促进深层学习的认知建构和社会建构的教学策略。前者包括为学习者提供“脚手架”、为学生提供表达个人理解的机会、引发学生的学习反思、在适当阶段提供可视化学习支持。后者可细分为认知领域和社会领域的策略，认知领域的策略包括教师将知识与真实世界的关联整合到教学中、为学生提供实习机会、基于项目的学习（Problem Based Learning）、帮助学生掌握核心知识内容并发展批判思维能力、通过专题研究或课外作业进行性差异化或个别化教学。社会领域的相关策略包括组建合作研究小组、提供实习机会、开展个性化学习等。

2. 深层学习与翻转课堂的融合

随着教育信息技术的发展，翻转课堂在全球范围内掀起了师生角色翻转的课堂模式变革。翻转课堂依托现代信息数字技术，对学生的学习过程进行了重构，变先教后学为先学后导，成为颠覆传统教学理念和教学流程的一种教学模式。国外教学界有关翻转课堂的最新实践和研究表明：这种教学模式在鼓励学生的主动学习和深度学习、增加教学手段的多样性和包容性、促进师生之间的互动与交流等方面有着重要的作用和意义（姜倩、陶友兰，2018）。但是，机械、呆板的“翻转”很容易破坏学习过程的完整性和连贯性，导致教学资源与学习效果的不匹配，信息化学习也存在着知识获取的碎片化和浅层性的弊端。深层学习理念能够有效地解决翻转课堂的潜在问题，深层学习的教学策略和路线可以使翻转课堂更加循序渐进、科学严密，使翻转的教学形式真正体现以学生为中心、以问题为导向的特点，使知识传授的提前促进知识内化，培养学生的深层学习能力、知识应用能力和高阶思维能力。

深层学习对翻转课堂的开展提出了要求（李洪修、李哨兵，2017）。第一，导学与自学的联动。教师通过对学生的个体素养剖析、教学目标和内容的设定、教学设计效果的预判以及学习氛围和教学环境的缔造来进行教学准备，这种导学是促进学生深层学习的前提，能够有效激发学生的内在学习动力，提高自学的效率和效果。第二，认知结构的重建和连结。作为一种建构知识结构的学习，深层学习能够让学习者获得对知识体系的整体把握和全局理解。翻转课堂通过影音媒体的课前学习阶段使学生激活自身原有的认知，厘清新知识和旧知识之间的联系，加深新旧知识结构的认知程度。对于新知识的重点和难点，教师在课堂上通过探究学习实现新旧知识的融合，从而促进知识体系的有效扩展。第三，知识的迁移与创造。深层学习旨在提升习得知识的应用和创新能力，翻转课堂采用了探究性、合作性和批判性的教学模式，创造了知识有效迁移的可能，增强学生解决问题的能力和创新能力。第四，多元评价及内省。深层学习的评价侧重于形成性的评价和“反馈”，而翻转课堂的在线平台与课堂活动相结合的方式，为评价的多元化和形成性提供了可能，并且可以及时关注学生的学习进展并提供反馈；同时，翻转课堂中批判和反思的内容有利于促进学生大胆假设、科学推理并检验，破除程式思维，增强思维的发散程度和深入思考能力。

3. 基于深层学习的翻转课堂教学设计

笔者开设了一门名为“英语电影视听说与文化赏析”的大学英语听说课程，该课程与传统英语听说课在教学目标、教学内容和教学形式上都有一定的区别。在教学目标上，除了提升学生的英语听说能力之外，该课程还把提升学生的跨文化交际能力作为另一个主要目标。在教学内容上，课程把英语电影作为英语语言和文化的载体，通过英语电影中原汁原味的语言和文化氛围来进行知识输入。在教学形式上，采用了翻转课堂的教学形式，把观赏电影和学习语言文化知识和技能置于课前完成，课堂上引导学生对课前所学知识进行应用和拓展。

本课程基于Jensen和Nickelsen（2008）提出的深层学习周期（the Deeper Learning Cycle）的六个部分，设计了有利于促进深层学习的教学路线。第一，设计学习目标和学习内容；第二，对学习者进行预评估；第三，营造积极的学习文化；第四，预备与激活先期知识，获取新知识；第五，深度加工知识；第六，评价学习者的学习。教学设计包含了“课前”“课中”“课后”三个阶段，每个阶段根据教学需要融入深层学习的步骤。三个教学阶段和六个深层学习步骤循序渐进又相互照应，把深层学习的教学策略和翻转课堂的教学形式有机融合到一起（详见表1）。

表1 “英语电影视听说与文化赏析”教学设计

	深层学习	教学设计	教学活动
课前	* 设计学习目标和学习内容 * 对学习者进行预评估 * 营造积极的学习文化 * 预备与激活先期知识，获取新知识	* 制定教学目标，明确教学内容 * 对学生的英语听说能力和跨文化交际能力进行预评估 * 通过线上平台营造积极的课堂氛围 * 上传微课、视频、音频和其他课外学习材料	* 学生了解教学目标和教学内容 * 学生参加预评估 * 学生在线交流和讨论 * 学生在线自学课程资料
课中	* 深度加工知识 * 评价学习者的学习 * 营造积极的学习文化	* 围绕知识重点和难点开展探索性、批判性、比较性、创造性教学活动 * 多元评价和多渠道反馈 * 师生、生生合作与交流	* 学生开展讨论、辩论、演讲、模拟实场景等各种活动 * 学生从教师或同伴处获得反馈和评价 * 学生通过合作、交流，形成正面的学习态度和情绪
课后	* 评价学习者的学习	* 设计线上小组评价与反馈活动，布置学生写反思日记	* 学生进一步反思学习中的问题并寻求改进方法

3.1 设计学习目标和学习内容

“英语电影视听说与文化赏析”作为一门大学英语课程，其教学目标在于培养学生的英语听说交流能力和跨文化交际能力。听说交流能力涵盖日常生活、学习和未来工作等多个领域，具体包括英语语音、词汇、语法及篇章结构等语言知识，对听力材料的逻辑关系、篇章结构和隐含意义的理解能力，在日常或学术场景中进行得体而熟练的口头交流能力。跨文化交际能力包含对英语国家文化的知识掌握、对本土文化与英语国家文化的比较和批评能力以及使用交际策略来进行跨文化交际的能力。

除了课程介绍和期中与期末评价之外，教学内容围绕六部经典的英语电影分为六个板块。每个板块包含一个文化知识点和一个语言知识点，这些知识点以教学视频形式呈现，发布在学习平台上供学生课前自学（详见表2）。

表2“英语电影视听说与文化赏析”教学内容与安排

周次	主题	文化知识点	语言知识点	课堂活动
1	课程介绍			
2~3	电影 *The Pursuit of Happyness*	美国梦	面试的语言技巧	1. 模拟面试 2. 比较中国梦和美国梦
4~5	电影 *Gifted*	教育	支撑论点	1. 辩论 2. 比较中西方教育观
6~8	电影 *Star Struck*	媒体	不同种类的问题	1. 访谈 2. 制作新闻评论节目 3. 比较中西方成功观
9	期中评价	电影配音		
10~11	电影 *The Devil Wears Prada*	职业	开始、鼓励和结束对话	1. 模拟社交聚会 2. 比较中西方职业观
12~13	电影 *Wall Street: Money Never Sleeps*	金融	描述图表	1. 模拟记者招待会 2. 比较中西方财富观
14~15	电影 *My Best Friend's Wedding*	婚恋	赞同和反对	1. 模拟相亲电视节目 2. 比较中西方婚恋观
16	期末评价	微电影制作和展示		

3.2 对学习者进行预评估

预评估有利于教师更好地了解学习者学习风格、学习偏好和先期知识储备，在此基础上设定适宜的教学目标，确定学习者应掌握的知识和技能，设计激发学生深层学习的差异化教学策略，从而提高课堂效率，最大化满足学生的需求。在课程开始前对学生进行现状和需求调查，了解学生已具备的相关知识和能力状况，明确学生对于教学知识、教学风格的需求和偏好。另外，在每个课程板块之前，预先公布本板块的教学重点、教学内容和教学活动，上传教学视频要求学生自学，学生完成自学之后参加评估，评估方式呈现多元化，如小测验、在线讨论、开放性问答等。这种预评估可以让教师更加准确地了解学生的自学情况，并及时调整课上的教学内容。

3.3 营造积极的学习文化

积极的学习文化包括安全的学习环境、良好的师生关系、友好的生生关系、积极的学习氛围。本课程主要使用蓝墨云班课，这个平台有电脑和手机应用程序，操作简单、使用方便。教师通过蓝墨云班课平台建立在线班级，可以实现即时通知、课件和资源的快速分享推送、课堂互动、成员管理和学习进度跟踪等多种功能。在课堂上或课外时间里，教师可以随时开展投票、问卷、头脑风暴、答疑、讨论等教学活动，通过点名签到来进行成员管理，通过经验值来查看成员的教学参与情况。学生可以采用随机、线下或指定等多种方式进行分组，从而使合作学习变得简单易行。学生可以使用手机或电脑上传文本、音频和视频作业，评价方式也非常灵活，包含教师评价、学生或小组互评、学生或小组自评或混合评价模式。班课平台的使用提升了教师与学生的沟通和互动效率，让教学变得更加生动有趣。

3.4 激活先期知识并获取新知识

教师设立了自主学习和课前小测两个环节，让学生在线进行课前学习和自测。“自主学习”环节提供了学习所需的讲义、视频、教案、小结等内容，“课前小测”为学生设计了自主学习的检测题，让学生了解自学的成效，也让教师明确学生知识的薄弱点。学生们通过观看教学视频、自学相关材料等了解知识和技能要点，通过完成小测验中的练习来检查学习中存在的问题或不足。对于自学过程中出现的问题，学生可以通过班课的答疑和讨论功能，或与同学展开自由讨论，或反馈给教师并由教师组织专题讨论或其他形式的探究。

3.5 深度加工知识

学习者除了能够了解、阐述、解释知识，更重要的是能做到知识的应用和迁移，从而实现深层学习的目标。对于翻转课堂而言，课上教学为深度加工知识提供了时间和空间。由于课前学生已经自学了教学内容，因此课上有充足的时间让学生就教学重点和难点展开深度探究和灵活应用。教师首先总结学生课前自学的情况，对普遍性的问题进行讨论、讲解和反馈。之后，教师会发布具有一定难度的教学活动，要求学生通过小组合作来共同完成，同时也要求每个小组选派代表在班上汇报、展示作业的结果，讲解完成作业的思路和过程，其他小组对汇报的情况进行评价、提出相关建议，最后教师进行总结、反馈和评价。学生通过参与活动，不仅需要应用课前自学的知识，还可以创造性地拓展知识体系，通过与同学的思想碰撞来激发深度思考、提升学习热情。

3.6 评价学习者的学习

及时、中肯的评价有利于学习者进行反思和补偿，从而最终提高学习深度并改善学习结果。课后教师通过让学生参加线上小组评价与反馈活动，或者布置学生写反思日记等形式，让学生对本阶段的学习情况进行总结和反思，然后教师再进行针对性的评价和反馈。对学生的评价并不限于课后，翻转课堂的模式有利于教师采用形成性评估的方式，对学生的学习情况进行频繁的、针对性的评价和反馈。在评价方式上，综合采用了教师评价、同伴评价、自我评价的多元评价方式；在评价模式上，结合了线上评价和课堂评价的方式。通过高频次的评价和反馈，学生可以更清楚地了解自己的学习进度和知识掌握情况，从而有的放矢地加以改进和提升。

4. 结论

翻转课堂不应该只是时空的翻转和教学次序的改变，而应该通过教学方法和学习环境的改变，给学习者以探索知识、应用知识和拓展知识的机会。翻转课堂的使用对教师的教学理念和教学设计提出了更高的要求。在教学理念上，教师必须具备建构主义的知识观和以学生为中心的教学观，从而能够充分理解并能熟练应用翻转课堂的技巧，发挥其优势而补偿其劣势。在教学设计上，教师必须掌握深层学习和翻转课堂的知识，基于深层学习路线来设计翻转课堂的教学形式和内容，使课内和课外的教学相互衔接，使线上和线下的学习互为补充，从而真正实现学生高阶、深层能力的形成。

在具体的教学实践中，应该特别关注以下两个问题。首先，课前自学是翻转课堂的重要环节，学生的学习策略和自觉性都是影响自学效果的重要因素。教师除了提供自学材料之外，还有必要对学生进行学习策略方面的指导和训练，使学生掌握自主学习的技巧。同时，教师还要通过多种方式来监督学生的学习成效，如同伴监督、交流汇报、小测验等，使学生养成主动学习的好习惯。

另外，课堂学习主要以学生为中心，但并不意味着教师可以置身事外。教师必须扮演好设计者、引导者和评价者的角色，为学生提供形式多样、组织严密的探究性课堂活动，在活动的进行过程中进行适当引导和及时调整，促进学生的互动和交流，激发学生的深刻思考，帮助学生实现知识的有效应用和迁移。另外，教师还要在活动完成后进行评价和反馈，帮助学生进行课后反思和后续努力。

参考文献

Biggs, J. B. & K. F. Collis. 1982. *Evaluating the Quality of Learning: The SOLO Taxonomy*[M]. New York: Academic Press.

Biggs, J. 1987. *Study Process Questionnaire Manual*[M]. Melbourne: Australian Council for Educational Research.

Jensen, E. & L. A. Nickelsen. 2008. *Deeper Learning: 7 Powerful Strategies for In-Depth and Longer-Lasting Learning*[M]. New York: Sage Publisher.

Marton,F. & R. Saljo. 1976. On qualitative differences in learning: Outcome and process[J]. *British Journal of Educational Psychology*(46): 4-11.

姜倩、陶友兰. 2018. “翻转课堂”在MTI翻译理论教学中的应用与效果分析——以MTI《翻译概论》课教学为例[J]. 外语教学39(5): 70-74.

李洪修、李哨兵. 2017. 深度学习下翻转课堂的实施路径设计[J]. 中国电化教育(7): 67-72.

李利. 2017. 旨向深度学习的翻转课堂设计[J]. 现代教育技术27(04): 68-74.

吕林海. 2016. 大学生深层学习的基本特征、影响因素及促进策略[J]. 中国大学教学(11): 70-76.

温雪. 2017. 深度学习研究述评:内涵、教学与评价[J]. 全球教育展望46(11): 39-54.

作者简介：

蒋玉梅：副教授。研究方向：外语教育。Email: jymwonder@nju.edu.cn

本文为南京大学“十三五”实验教学改革研究课题“深度学习视角下的翻转课堂实施路径及效果研究”（编号SY201934）的阶段性成果。

学术英语听说教学情境下任务驱动型合作学习教学实践

曾 燕 四川大学

【摘 要】 鉴于学术英语听说训练在教学理念、教学方式、教学策略、教学活动及其评价方式等各方面有着与基础英语教学不同的目标与特点，本研究着力探索新型学术英语听说教学路径。在教学实践中，利用任务驱动教学法，将知识应用和学术英语听说技能拓展训练融入合作学习的情境中，把合作学习任务与思辨性强的语言应用结合起来（如分析能力、概括能力、学术研讨及辩论能力、评价能力、文字表达能力与信息呈现技巧等）。任务驱动型学术英语听说教学合作学习模式以优化知识结构与能力结构、发展学生的思辨能力和高阶外语运用能力等为主要着眼点，引导大学生朝深层的研究性、创造性学习转化。

【关键词】 学术英语听说；任务驱动型合作学习

1. 学术英语听说教学研究现状

学术英语听说（English Listening and Speaking for General Academic Purposes）教学主要是为学习者提供“共性”语言知识和各个专业通用的学术英语应用与交流技能的教学，帮助各专业的学生借助课内外互动平台，提高学术报告、学术语篇等英语听力理解技巧和策略，实践、体验英语学术讲座、学术研讨及辩论，进行学术陈述、要点复述，掌握听力速记技能、图表描述技能以及学术英语表达规范和策略等，促进学习者形成语言实用能力和跨语言学术性沟通能力。通用学术英语听说教学无疑是交际性和实用性强的语言实践课程，其重要性和必要性已得到越来越多的重视，已成为高校英语教育、教学模式和教学法创新的重要内容。

近些年来国内高校对学术英语教学的研究有了比较大的推进，但学术英语教学研究更多的是侧重于学术英语阅读和写作，或职业为导向的英语训练，而学术英语听说教学与研究则还处于起步探索阶段，真正深入指向高阶的学术英语应用与交流技能的英语听说教学与研究和探索任务型合作学习教学方式以及与之相适应的学习方式创新、教学现象、教学活动、教师角色等方面的研究，特别是针对如何将任务驱动融合于合作学习的优势在学术英语听说教学中发挥出来的理论和专题研究极为缺乏。

本研究所探讨的以拓展学术英语听说能力为目标导向的、基于任务驱动和合作学习相融合的教学模式，致力于将不断发展的科学的教学理念和方法合理地运用到学术英语听说教学中去，更大程度地促进学习者深入思考、探究、深加工和整合所学知识，激发学生制定更高目标，进行有挑战性、创造性、思辨性及互动性的学术英语交流以及知识的灵活迁移，加深对自己学习行为的理解，构成一种有意义、有挑战性、动态、互动的教学情境和新型课堂文化。

2. 任务驱动型合作学习设计思路

2.1 优势及意义

建构主义教学观、任务驱动型和合作学习教学方式已发展成为当今国内外教学领域备受推崇的教学理念和教学法，已形成了较为丰富的教学理论和策略系统。现代教学中，人们越来越强调学习者积极主动地建构知识的意义在学习过程中的重要作用。学术英语听说教学采用任务型教学模式，就是遵循建构主义以学习者为认知主体、信息加工主体和知识主动建构者的教学观，充分调动、发挥学生主体性，把语言运用实践和体验与深入的学习研究和思考有机联系起来。学习是一个积极的意义建构过程，即强调以学生为中心，学生为认知的主体，信息加工的主体。安布罗斯（2012）在关于学习科学的教学研究中指出：“积极实践和实际运用的检验，促进学生对知识的建构，反思所学，并将多种技能迁移到新的情境中”。这清楚说明了教学为学生知识的主动建构创设有意义的条件与学习者主动探索构建自身新知识的关系及其作用。

学术英语听说是学生用英语进行专业学习和研究最需要的基本语言交流能力，具体的通用学术能力包括：听学术讲座、做笔记、概括能力、分析能力、评价能力、参加学术研讨及辩论能力、进行学术陈述（口头和书面演示汇报）等技能。作为一种新型的教学法，任务驱动型合作学习教学方式（Task-based

Cooperative Approach）强调“主动参与、积极思辨”，将学术性交流的真实场景结合到课程中。根据“输出驱动假设”（Output-driven Hypothesis），输出比输入对外语学习的内驱力更大，输出驱动不仅可以促进接受性语言知识运用，而且可以激发学生学习新语言知识的欲望。教学理论和实践表明，以任务为驱动，有助于学术英语听说课堂形成“既能促进语言产出能力的提高，又能不断改进语言输入效率”的良性循环机制（文秋芳，2013）。

任务驱动型学术英语听说教学合作学习模式，是以学术任务为导向的英语听说训练，有利于丰富教学内容与形式、挖掘大学生创造性学习的潜能。作为具有开放性、创新性的教学理念和模式，任务导向、目标明确的学术英语听说训练合作学习法正是一种着力探索破解大学英语听说教学中“被动、低能、低效”难题的新路径。

任务驱动的学术英语听说合作学习指向将语言与技能训练和探究实践融入具体的互动任务中，如利用学术研讨课题（Research project）、小组讨论和辩论、学习报告会、小组演示（Presentation）等活动，激发学生进行有挑战性、创造性、思辨性及互动性的学术英语交流，构成一种有意义、有挑战性、动态、互动的知识建构环境。研究发现，“当学习者意识到他们自己是学习者和思考者时，他们的学习最成功。一个学习者意识到自己是学习者，意识到评价策略的作用，这便能使他的学习始终指向学习任务或者有助于学习者不断询问自己是否理解。学习者能够成为独立的善于保持的学习者”。（布兰思福特等，2002）

2.2 任务驱动型学术英语听说教学合作学习模式的关键因素

合作学习区别于一般性的小组活动，也非一般的“分组学习”。建立合作学习团队能更有效地促进学习者内在动机，改善学习态度。学习者之间通过交流、讨论等方式完成学习任务，在这个过程中，他们更多地使用高阶思维能力，比如推理能力、批判性思维等。同时，研究人员发现，积极的相互依赖和促进性互动让学生们愿意在学习任务上投入更多的时间（Johnson, 2003; Oxford, 1997; Arnold, 2000）。

教学研究和实践证明，合作学习中，组员间的相互支持和有效合作，促进学习过程中师生之间和学生之间的情感交流，可使学习者从中得到更多的积极反馈和帮助，增强学习者的自信心和自尊心。学术英语听说任务型教学法和合作学习方式的融合，可以给学生创造一个依托任务型学习、利于合作学习合理展开的教学情境，真实自然的语言环境、有意义的交际互动语言活动。如学生们讨论、倾听他人意见、争辩、表述、评价等是合作学习的重要内容。

任务驱动型学术英语听说教学合作学习模式力图抓住合作学习中关键的因素：目标意识（探索、思考、理解、形成解决问题的技能要求）、责任意识（担负责任、合理分工）、合作意识（积极参与、相互交流、信息/成果分享、互动反馈等）。该模式的教学价值集中体现于以下几点：

其一，“任务群”强化目标意识。“任务群”是根据课程的教学大纲、学生现有的知识与能力水平、学校的教育资源和教学所要达到的目标设计若干个典型任务，每个任务之间既相互独立又相互联系，形成一个任务系统（万发，2014）。

其二，合作学习本不只是表面组合形式的变化，而是旨在建立共同承担责任、相互激励、促进，学会有效沟通、合力挖掘潜力的富有活力的合作学习机制，形成合作学习的“学习共同体”，保持小组合作学习和活动的有效性。“学习共同体”的意义远远超过某一个任务本身。

其三，合作学习的精髓在于，以学研小组展开学术活动为主要教学形式，通过学习任务相互帮助、相互学习、共同讨论问题、取长补短，聚合学习动力，提高学习兴趣。

2.3 合作学习教学环节

2.3.1 学术情境下“任务环”设计具有真实性、思辨性和互动性

实践“学术任务+学研小组探究与合作互动”教学创新模式的核心原则是：师生共同创造创造性学习的机会。在目标明确、实用性强、有实际交际意义、能够激发交流兴趣的语言学习情境中（如英语学术讲座、研讨会专题发言、辩论等），促进更深层次的思考和讨论，注重学生的学术参与和经历，培养学术意识，提升思维品质、学术素养与能力，释放自身和团队的创造力。

2.3.2 信息输入与输出环节学术任务设计

借助有意义和清晰的合作学习任务、目标、责任，运用听与说学习任务融合策略，创设出“动态任务环境”，以此激发学生投入“深层的学习”，使足够的可理解性语言输入转化成有效的语言技能输出。如教学环节两大板块有机关联：基础性学术英语听力技能训练、快速笔记技巧及演讲策略学术讲座，配合学术讨论、要点概括、专题演讲、读书报告会等学术口语交流。

2.3.3 多渠道精选适合学术英语听说教学特点的多元化材料

精选适用于学术英语听说任务型教学目标的丰富的听力、视频资源和阅读资

料作为课程内容载体，使学习者在交流中多渠道获取信息量大的语言输入，培养学生高层次的思维能力，如阐述、分析、评价、推理、归纳等。教师在任务引导下合理组织学生参与学术讨论，进行科研成果汇报展示，强化学习者之间、学习者与精心制作的语言材料之间的互动，推动创造性的学习方式。

3. 任务型合作学习实施步骤

3.1 学术情境下促进性互动合作学习“任务链”设计

任务型合作学习有效展开的关键离不开良性循环的互动链（见图1）。其设计理念是：在学术任务驱动的合作学习英语听说教学情境中，以“学研一体”“以用促学”为核心指导原则，“任务环”以“合作探究”学习方式为路径，以促进学习更深入、知识运用更有效的良性循环为目标。

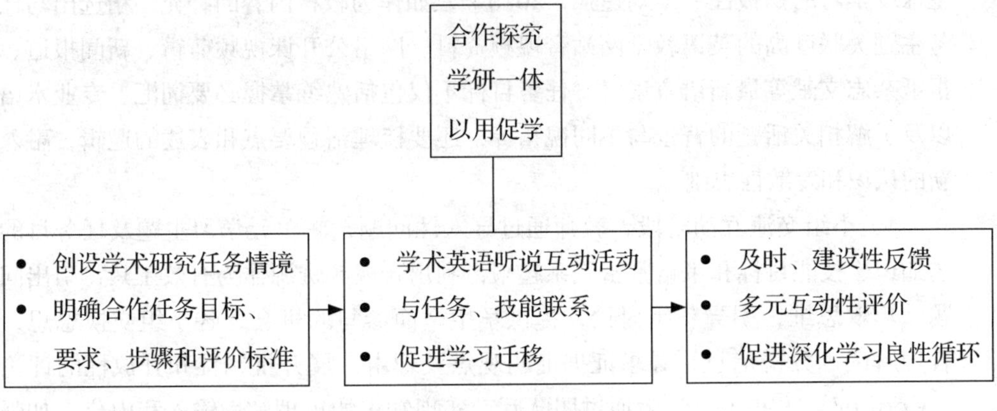

图1 学术情境下促进性互动合作学习“任务链”设计

实践信息输入与输出环节的良性循环、促进性互动合作学习任务链设计的具体措施：

1）学习内容必须有合作价值，具有真实性、思辨性和互动性，能引起学生的兴趣的活动任务主题。规划好系列任务的问题引导，设计有利于引发“积极互动和积极互赖”的学习任务（Cohen，1992），建立新任务目标与学生已有知识和视听材料以及待解决问题的有机关联，增强学生参与动机与合作积极性。

2）丰富语言输入形式，增加语言的输入量，增加输入材料的可理解程度。以拓展学生语言输入途径和丰富输入量，来保证有质量、有信息的输出，让语言学习变成一个有思想、有信息、有探讨、有活力的互动过程。

3）在目标明确、实用性强、有实际交际意义、能够激发交流兴趣的语言学习情境中（如英语学术讲座、学术报告、研讨会专题发言、辩论等），促进更深层次的思考和讨论，注重学生的学术参与和经历，并以多元互动性评价措施激发学生自身和团队的创造力，提升思维品质、学术素养与能力。

基本步骤：

1）根据学习材料、学习目标、学习内容主题设计合作学习交流任务；设置核心教学单元，作为学术任务专题，明确具体要求和预期目标；说明自评互评标准和细则。

2）输入阶段，针对任务主题，精选整合有质量的视、听、读多媒体教学资源，提供更多信息来源作为引领和启发。“任务驱动的优势在于通过多媒体课件，创设与学生生活有关的问题情境，这些情境能唤起学生的探究欲望，调动学生深度学习的积极性”（刘建强，2015），如作为教材内容的补充，精选出与任务主题关联度高的英语教学网站音视频资料、网络公开课视频剪辑、新闻报道、报纸杂志文献等最新语言素材。任务目标不仅包括熟练掌握必要词汇、专业术语以及了解相关话题的背景与不同视角等，还要梳理话题要点和表述的逻辑，融入新的认识和发散性思维。

3）小组交流互动阶段，教师通过导入性问题，将单元学习主题及任务目的与知识、技能目标和策略紧密联系起来，利用音视频资源作为有效工具，引出问题，启发思维，引导各组讨论，提供学生全面参与的机会，各小组交换思想，合理解读、分析信息，寻求证据证明观点及理由，展开批判性和开放性的评论（Cooper，1995）。学生通过团队互动实现知识的可理解性输入和内化，加强对目标任务的理解力，激发创新思维，而不再陷入传统课堂单调的以听写填空、对答案作为听音结束的老套路。

4）输出展示阶段，让学习任务促进学生对知识进行“精加工”，并给予学生自由发挥的空间，使其深化理解问题本身的同时，对学习任务作更深层次的延伸，能够依据所听、所读或引用视频内容做出概括、观点阐述，能比较系统、深入、连贯地发表自己的见解，有建设性地互动交流。教师有责任“驱使”学生依据事实表述观点（push learners to express themselves），因为简单的“同意或不同意”或“True or false”选择，无助于催生高级水平话语（Superior-level discourse）（Brown，2014）。

以合作小组学术任务专题辩论与演讲为例。该项任务需要学生带着学术思辨的方式，进行探究性、研究性的学习。任务展开的流程如下：

第一步，周密规划好课时，布置单元系列学术任务，使学习输入与语言输出建立关联：围绕任务主题，学研小组带着问题，收听、观看针对性强的英语音视频节目，研读教材内外的相关资料，为随后以PPT形式汇报研究成果做准备。

比如，以真实生动的教学视频、报刊文章和现代科技发展实例引出话题。教师可视具体教学和课时情况，根据合作小组数量列出若干个本学期重点单元话题，供不同小组选择，同时保证每个任务主题有两个以上的小组分别完成，或分为正反方团队，有意识地创造出有合作、有竞争、富有挑战性的教学情境。

第二步，具体化任务要求：各组推敲论题范围，切磋任务方案，课下收集资料、分析材料，选择论证方式，最后形成小组报告；学习利用证据、提问、发展观念、组织论据，并组织课堂小组辩论赛，正反方对辩题展开交锋，搭建充分沟通的信息交流平台，强调更加系统、深入和逻辑性的思考和论证方式。

第三步，适时进行策略引导和示范：选取英文经典演讲视频或文本作为重点分析范本，呈现学术英语演讲的结构特点，引导学术英语演讲文稿构思、写作；师生共同探讨学术演讲技巧、学术演讲文稿的宏观结构，提炼习惯表达、常用句式等，并具体落实到演讲文稿写作的学术性、规范性。此阶段的课堂活动为下一步做好技术性铺垫，同时也是为了给各组留出必要的课后准备时间。

第四步，团队展示：各团队在全班交流经过精心打磨的研究成果，任务标准为：思路、层次明晰，聚焦针对性问题，“辨析、反思、质疑”，建立有说服力的议论，有思想深度，理据充实，避免空洞，锻炼“正确、清晰陈述推论，并有效解释结论的能力”（任文，2007）。整个学术任务活动的明线与隐线指向明确，批判性思维和创造性学习过程和展示机会贯穿于合作学习的始终。

以笔者在学术英语听说训练教学实践为例。教学对象为来自文、理、工、医等各专业的六个非英语专业英语教学班的大二学生。教学内容选自《全新版大学英语综合教程（第二版）》（上海外语教育出版社2010年版）第4册第四单元Text A 与Text B和配合教材《学术英语 综合》（外语教学与研究出版社2013年版）教材中第八单元“Globalization”。本单元教学侧重点放在学术听力、学术口语、学术口语策略及学术英语表达规范等方面的语言训练。教学设计主要包括课前自主学习活动、课堂听音、小组辩论、展示、互评以及课下小组合作收集资料完成相关研究任务等几个大的环节：

环节1（Pre-task preparation）：本单元以“The Globalization Debate — Globalization vs. De-globalization”为导入话题，布置学生课前以自主学习

方式完成《全新版大学英语综合教程（第二版）》第4册第四单元Text A与Text B“Globalization，Alive and Well”等文章阅读以及观看相关课件和视频（注：学生都有本套教材，教师提供精选课件和视频参考资料）。此举能在一定程度上解决学生自主学习和预习中不知如何着手、如何积极进行课前准备和把握学习要点等问题。

环节2（In-class discussion and listening comprehension）：首先，课堂围绕“The impact of globalization on culture，economy，society，education and technology”这一话题，分组进行听音前讨论和“头脑风暴”，初步整理小组成员对相关问题的观点，并且尽量涉及该问题中的“利与弊”（Both positive and negative impacts of globalization）。随后，选择《学术英语 综合》教材第八单元Text C“Globalization and Poverty”作为学术听力训练增补内容，全班带着问题听音，根据任务要求速记涉及该文所述研究的结果（Findings）、结论（Conclusion）及其启示（Implications）。在具体问题引导下，学生更自然地注意识别其中背景信息、因果、对比、类比等议论手法、修辞手段、论述要点及其意义。此段听音内容难度和长度适中，不仅能够提供针对该问题的新的视角和让学生接触、了解学术性论述的规范用语，还能补充例证，为下一步小组辩论做好铺垫。这种听说结合方式的效果是，从碎片化的简单听写、填空练习过渡到真实语言运用，增强句子层面与篇章结构层面意思关联的可理解性输入，减少“为听而听”的目标缺失、听音焦虑和单调沉闷。

环节3（Face to face debate）：合作学习小组围绕话题“Pros and cons of globalization”进行小组间课堂辩论。各小组选出四名辩手，由教师指定正反方（或自选），各组分别按照辩论赛形式，学生们依照如下规则展开观点交锋：

一、立论

- 1. 正方一辩立论
- 2. 反方一辩立论

二、辩驳

- 3. 反方二辩攻辩
- 4. 正方二辩攻辩
- 5. 正方三辩补充和提问
- 6. 反方三辩补充和提问

三、总结陈词

- 7. 反方四辩总结陈词

- 8. 正方四辩总结陈词

从各辩论队表现可以看出，同学们踊跃参与，辩手们各司其职，论点、立场明确，论据多样、有力，课堂气氛热烈。

环节4（Oral presentation）：各合作学习小组的研究任务是："State your point view on how China can seize opportunities and face challenges in the era of globalization. Find your own focus and make your presentation clear and well-organized. Support your views with evidence, reasoning, and examples. Show figures when you can. Do research in the campus library or through digital library when necessary." 团队任务展示形式由各组自行商议决定，不拘一格。该任务在本单元一开始就布置给学生，其目的是，一方面以清晰的任务目标引导学生的学习行为，明确努力方向；另一方面让学生有比较充裕的时间细致准备，并在相关各教学环节增强问题意识，学习从多角度看问题和多方面深入思考问题，同时也能促使其活学活用所学的口头和笔头论证技巧、策略，借助活动任务把它们整合起来，提升语言输入和输出质量，不断加强学术性英语运用的语感。

3.2 合作学习任务评估环节

合作学习任务评估主要包含小组自评、同伴评价、教师评价、学生自评以及团队任务提交五个环环相扣的互动环节。

（1）小组自评：小组对自己完成任务的步骤、思路、效果进行交流总结，以激励积极学习行为、严谨的治学态度，以及培养自主学习能力、思辨能力、科学精神、创新意识为要点，充分体现学生在评价中的主体地位。

在合作小组自我评价环节，组长或小组报告员汇报团队成员的"任务分工"，即每个成员参与度、责任与贡献，并说明所在小组合作学习活动记录和学习档案记录，重点介绍本小组学习过程中如何面对挑战克服障碍，以及团队创新精神在合作完成任务过程中的具体体现等。此举是为了更有效地避免合作学习中个别成员"搭便车"或"消极合作现象"。

（2）同伴评价：从各组抽出同学组成"裁判组"，对各组同学的辩论或演讲进行现场打分和点评或提问。设置该环节，是为了提醒同学，防止松散而空洞表演，流于形式地"走过场"。团队展示的表现及语言表达质量评价标准涵盖下面几个维度："范围、准确、流畅、条理性、清晰、互动、身体语言、目光接触"。

在合作小组任务活动准备前期，教师讲明任务目标要求，提供小组任务展示的策略指导（Must-Knows of Classroom Presentations）（蔡兰珍，2014: 179-202），以便学生按照正确的思路完成任务：

1. Researching into content — Choose a topic and a focus; research the information; analyzing relative materials.
2. Organizing the presentation — Vital aspects: an outline; introduction, body and conclusion.
3. Writing the presentation — Write a full-script presentation of coherence and unity with clarity of language.
4. Creating slides — Background / Font / Color / Title & Heading / Engagement.
5. Preparing questions and answers — Think of the questions you can expect from the audience.
6. Plan your time — Tailor your presentation to fit the time (Manage the material and the visual aids within the set time frame).

在成果展示时，"裁判组"依据操作性强的任务完成质量标准细则（Scoring Rubric for Presentational Speaking），从如下五个维度评判：

表1 "评分细则及其应用"示例（参阅：安布罗斯等，2012: 144-148）

Level of Achievement	5 points	4~3 points	2~1 points
1 General Presentation	· Presentation is well structured around a single theme with effective introduction, skillful transitions and strong conclusion. · Presents arguments in a logical order	· Conveys meaning with reasonable clarity · Provides competent analysis of ideas; develops and supports main points with relevant reasons / examples	· Does not address the question explicitly · Does not provide evidence to support response to the question
2 Reasoning & Argumentation	· Demonstrates an accurate and complete understanding of the question · Develops and supports main points with highly persuasive examples & in-depth analysis · Uses and backs arguments with examples, data that support the conclusion	· States a somewhat relevant argument · Presents some arguments in a logical order · Some evidence unable to support the argument	· Limited analysis or development · Content that is in some way irrelevant to the assigned tasks

（续表）

Level of Achievement	5 points	4~3 points	2~1 points
3 Structure	· Demonstrates clear logic · Uses effective transitions · Has unity and coherence	· Is adequately organized · Conveys meaning with reasonable clarity	· Is not clearly or logically organized · Uses only one argument and example that supports conclusion
4 Language	· Demonstrates good control of sentence structure and language usage · Uses precise vocabulary to convey meaning effectively · Correct pronunciation and intonation	· Demonstrates satisfactory control of sentence structure and language usage · Not many errors in the slides and speech	· Weak control of sentence structure or language usage, with errors that result in vagueness or lack of clarity · Many errors in the slides and speech
5 Performance & Teamwork	· Interaction with the audience · Smooth transitions & good cooperation among team members · Reasonable division of work · Active participation of all team members	· Gives relatively smooth delivery without reading full notes · The team can work together but there are idle members in the presentation	· The presentation is ill-prepared without smooth delivery & proper visual aids · Assignment of tasks is not fair · Some members of the group do not assume any responsibility

（3）教师评价：教师评价以激励团队精神、创新精神为主，利用同学们每个阶段中自身的鲜活实例，树立共同的学习榜样，重在鼓励学生们的积极参与意识、创造性学习的习惯、学术活动中严谨的科学态度和作风，激发其进行新探索的兴趣，并结合具体分项，对学生在任务各阶段主要环节的表现以及任务完成质量上的突出问题进行点评。

（4）研究成果提交：各团队根据以上各项评价的反馈进行修改和完善，最后按照规范格式（提纲、引言、正文、结论、参考文献）完成定稿，并在截止期限内提交电子版PPT演讲稿。

4. 结束语

从笔者连续三届在四川大学非英语专业二年级大学生18个英语教学班进行的教学实践和所采集的相关调查数据看，学生普遍认可学术英语听说训练采用任务驱动的合作学习模式，课堂参与度高。学生由不适应到积极参与、调适，从被动型学习向主动承担学术任务转化，在不断接受挑战中获得目标感和动力。

学术英语听说教学在高校大学英语课程体系中是高层次外语语言运用能力和思辨能力训练的重要方面，其教学理念、教学方式、教学策略、教学活动及其评价方式等各方面有着与基础英语教学不同的目标与特点，是直面大学英语教学中突出问题，对“以教师为中心的”“应试导向的”“灌输式”的传统教学模式提出了挑战。任务驱动型学术英语听说合作学习教学实践尽管仍在探索之中，难免有不足与不成熟，但却是一种值得持续推进、不断总结经验去优化的大学英语教学改革尝试。

参考文献

Arnold, J. 2000. *Affect in Language Learning*[M]. Beijing: Foreign Language Teaching and Research Press, 145-147.

Brown, T. & Bown, J., 2014. *Teaching Advanced Language Skills through Global Debate: Theory and Practice*[M]. Washington: Georgetown University Press, 39.

Cohen, E. G. 1992. Restructuring the classroom: Conditions for productive small groups[J]. *Review of Educational Research*, 64(1): 1-35.

Cooper, J. L. 1995. Cooperative learning and critical thinking[J]. *Teaching of Psychology*, 22(1): 7-9.

Johnson, D. W. 2003. Social interdependence: interrelationships among theory, research, and practice[J]. *American Psychologist*, 58(11): 934-945.

Oxford, R. L.1997. Cooperative learning, collaborative learning, and interaction: Three communicative strands in the language classroom [J]. *The Modern Language Journal*, Vol. 81, No. 4, Special Issue: Interaction, Collaboration, and Cooperation: Learning Languages and Preparing Language Teachers (Winter): 445.

安布罗斯等. 2012. 庞维国等译. 聪明教学7原理：基于学习科学的教学策略[M]. 上海: 华东师范大学出版社, 73.
布兰思福特等. 2002. 程可拉等译. 人是如何学习的：大脑、心理、经验及学校[M]. 上海: 华东师范大学出版社, 3.
蔡兰珍. 2014. 英语演示发言技能与技巧实训[M]. 北京: 清华大学出版社, 179-202.
刘建强. 2015. 任务驱动: 科学探究教学的重要策略[J]. 教育研究与实验(1): 82.
任文. 2007. 英语演讲课与能力素质培养[J]. 中国外语(6): 69.
万发. 2014. 合作学习的价值及其实现[J]. 教学与管理(9):8.
文秋芳. 2013. 输出驱动假设在大学英语教学中的应用: 思考与建议[J]. 外语界(6):15.

作者简介：
曾燕，研究方向：外语教学理论与方法研究，跨文化交际研究。
Email: yan8809 @163.com

英语教学中的跨文化交际能力培养研究——以《21世纪大学英语》中的一课为例

袁光环 天津师范大学

【摘 要】 随着全球化背景下多元文化的跨国交往与日俱增，国家迫切需要具有跨文化素养的国际人才。跨文化交际能力已成为当代大学生必备的技能。大学英语课程则承担着为国家对外开放提升国际话语权、培养国际化人才的重要任务。面对新形势，大学英语教师要勇于接受挑战，将英语教学的过程扩展为跨文化交际能力培养的过程。本文首先简要概述了在大学英语教学中培养学生跨文化交际能力的必要性；其次，描述了当前大学英语的教学现状及出现这种状况可能的原因；再次，基于国内外学者的研究，陈述跨文化交际能力的构成；最后，结合现使用的教材，从课堂导入、课文正文的学习和课外学习三个环节展开来探讨对学生跨文化交际能力的培养。希望本文能给大学英语老师一定的启发，在进行日常教学的同时培养学生跨文化交际能力。

【关键词】 跨文化交际能力；大学英语教学

当今社会日益开放，全球化进程不断加快，不同文化之间的交流越来越频繁。在这个多元文化共存与整合的时代，语言交流无疑是不同文化间沟通的桥梁。但由于不同民族间的文化差异，掌握了语言交流技能并不意味着能够有效沟通。因为站在各自文化基础上的交流双方不一定就能够准确了解掌握对方的文化，不一定能够站在对方的文化基础上思考问题、表达意愿。知己还要知彼，离开了双方文化基础的交流是不全面的交流，极易产生曲解、误解，甚至误会、误判。人与人之间、国与国之间和睦相处、共同进步，需要以开放、包容、平等、坦诚的姿态在不同文化信仰者之间进行有效地交流，即交流者需要具有跨文化交际的能力。

1. 在大学英语教学中培养学生跨文化交际能力的必要性

人类已进入全球化时代，跨文化交际已成为时代的特点，跨文化交际能力成为现代社会人才必备的一种素质（戴炜栋、张红玲，2000）。时代需要跨文化交际型人才，因此拥有跨文化交际能力是大学生必备的技能。2010年颁布的《国家中长期教育改革与发展纲要（2010~2020）》明确提出要“培养大批具有国际视野、通晓国际规则、能够参与国际事务和国际竞争的国际化人才”。熟练掌握英语是国际化人才的基本条件，而国际化人才的英语能力主要通过大学英语课程来培养和提高。由此可见，大学英语课程对中国参与全球治理、成为有担当大国和未来发展具有重要意义（王守仁，2016）。

在全球化背景下，大学英语教学的主要目标之一是培养具有跨文化交际能力的外语人才，这一点已获得英语教育工作者的普遍认同。戴炜栋、张红玲（2000）指出，英语教学应适应时代需要，将跨文化交际能力的培养作为教学目标，使英语教学真正服务于社会，培养出来的学生应能够在跨文化交际实践中做到自然、恰当、有效地交流思想和信息，进而在激烈的世界竞争中取胜。毕继万（2005）也曾发文指出“第二语言教学的主要任务是培养学生的跨文化交际能力”。2009年全国高校《跨文化交际》教学研讨会达成共识：在全球化时代，英语教育应为我国改革开放与对外交流培养具有跨文化交际能力的英语人才，培养学生跨文化交际能力是英语教学的首要目标（蒋晓萍等，2010）。胡文仲（2013）也就跨文化交际能力在英语教学中如何定位进行了阐述，指出“即使是教精读的一篇课文，也可以（或应该）从文化对比和提高文化意识的角度来教，即跨文化视角。”赵芳（2014）在其博士论文中提出“渗透式”跨文化交际能力培养模式，指出英语课堂教学需注重跨文化交际能力培养的全面性，注重培养学生在跨文化交际能力的知识、能力、态度、素养四个方面均衡发展、整体同步提升；同时还需注重培养学生自主学习能力。2015年《大学英语教学指南（征求意见稿）》针对跨文化交际课程的设置指出，“基础级别的跨文化交际课程以丰富学生中外文化知识、培养学生中外文化差异意识为目的。可在通用英语课程内容中适当导入一定的中外文化知识，以隐形教学为主要形式。”葛春萍、王守仁（2016）指出，与语言教学相融合的跨文化教学是培养学习者进行有效跨文化交际所必需的语言能力。

在当前国家“一带一路”倡议迅速得以实施并推进、国际社会变数不断增加的形势下，大学英语教学要主动担负起社会责任，将跨文化能力的培养贯穿于英语教学的全过程，开放学生头脑，使学生能够从更广阔的文化视野去思考问题，进而能在与自己有着不同文化背景的人员进行交往时充分理解对方，能够以对方更易接受、更易理解的语言、方式表达自己的思想，即要将大学英语教学的过程扩展为跨文化交际能力培养的过程。

2. 当前大学英语教与学现状及原因分析

在当前的大学英语教学中，教学重点是对词和句法的理解，教师一般以语言教学为主，注重语言知识讲授，虽然也有文化教学内容，但文化教学往往以传授文化知识为主，主要关注日常生活的文化特点，很少关注提升学生的跨文化技能的习得，很少强化学生对本族文化的认知、对本族文化与他族文化的对比、联系与思考（Castro & Sercu, 2005），造成学生在跨文化交际中在认知、情感、行为等方面往往出现以本土文化为出发点的问题。究其原因，大学英语教学中的文化教学长期以来没有明确目标，教学内容不完整（张红玲，2012）。教学内容主要源于教材及其配套教参，教学资源相对有限，这在一定程度上影响着教师教学内容的确定。再有，现行的英语四六级考试考查内容主要集中在对语言运用的层面上，这在一定程度上引导着学生掌握英语能力也主要停留在语言知识这一表层上，而不能向更深层次的跨文化交际能力发展。

教师的能力水平影响着学生跨文化交际能力的发展。如果英语教师自身不具备跨文化能力和跨文化交际意识，培养学生跨文化交际能力就无从谈起。在实际教学中，笔者发现一些英语教师不具备足够的英语国家的文化知识，特别是社会文化知识，对两种文化差异的了解不够，对容易产生跨文化误解的那些交际“雷区”不熟悉，这直接导致了跨文化能力的不足。也有一些教师，跨文化交际意识不强，只习惯本土文化思维，不能主动从两种文化对比上开阔学生眼界、思维。除此之外，教师对他族文化的态度也直接感染和影响学生，教师的宽容、尊重和理解能够影响和改变学生对英语学习和跨文化交际的态度和兴趣（束定芳、庄智象，2008）。开放则包容，保守则拒绝，不同态度对跨文化交际能力的培养有着不同的结果。

随着国家“一带一路”倡议和“中国走向世界、世界走向中国”文化战略的推进，跨文化交流的机会越来越多，但在交流中出现的语用失误也频频发生。有鉴于此，我国的语言教育尚需要从传统的以培养交际能力、培养本族语者为目标，向培养跨文化交际者转变（Wang & Coleman，2009引自赵芳，2014）。

3. 跨文化交际能力构成

跨文化交际能力，顾名思义，即基于不同文化的沟通交际能力。它至少包含两方面的能力，一是沟通交际能力，二是跨文化能力。Uso-Juan & Martinez-Flor（2008，引自赵芳，2014）认为跨文化交际能力是交际能力和跨文化能力的合并。Meyer（1991）将跨文化能力定义为：当面对来自其他文化的行为、态度和期望时，能够灵活地恰当应对的能力。Dodd（2006，引自赵芳，2014）认为，跨文化交际能力是指在跨文化语境中能产生有效跨文化结果的能力。

跨文化交际能力极为复杂，国内外专家学者关于跨文化交际能力的构成，提出了不同的表述。Byram（1997引自刘丹，2015）认为跨文化交际能力是由技能（解释/关联技能、发现/互动技能）、知识、态度和批判性文化意识组成。文秋芳（1999引自陈俊森等，2006）认为跨文化交际能力包括交际能力（语言能力、语用能力和策略能力）和跨文化交际能力（对文化差异的敏感性、对文化差异的宽容性和处理文化差异的灵活性）。张红玲（2007）指出必须既培养态度和意识，传授知识，又要提高技能，三管齐下才能实现提高跨文化交际能力的目标。她在2009年进一步将其概括为敏感性/意识、态度/情感、知识、技能（张红玲，2009）。综合学者们的论述，不难发现，他们都涵盖了共同的部分，即：知识、技能及态度。

跨文化交际能力培养是个复杂的过程，仅通过大学英语课堂文化导入是无法实现培养学生跨文化交际能力的目标的。戴炜栋、张红玲（2000）指出应将文化教学和英语教学结合起来。杨盈、庄恩平（2007）认为应将跨文化交际能力的培养贯穿于整个英语教学过程中，贯穿于每项语言技能的培养当中。陈建文、刘正光（2016）认为，跨文化交际能力培养应该融于语言教学各环节。康淑敏（2010）指出：跨文化意识的培养应以多样化的教育活动为载体，采取课内渗透、课外滋养相结合的方式。

4. 以《21世纪大学英语·读写教程》一课为例探讨将跨文化交际能力培养融入大学英语教学中

大学英语的教学目标是：培养学生的英语应用能力，增强跨文化交际意识和交际能力，同时发展自主学习能力，提高综合文化素养，使他们在学习、生活、社会交往和未来工作中能够有效使用英语，满足国家、社会、学校和个人发展的需要（大学英语教学指南，2015）。跨文化交际能力培养已成为大学英语教学目标的一个重要维度。而培养学生进行有效跨文化交际所需的语言能力需要在跨文化教学的同时与语言教学相融合。葛春平、王守仁（2016）认为，大学英语跨文化教学内容首先应是语言基础教学，在此基础上嵌入社会文化因素，通过语言技能训练让学生感受和领悟语言表层和文化内涵的微妙关系，将语法规则和文化规则内化为学生的言语活动机制，逐渐形成跨文化意识。除此之外，用英语表达和传播中华优秀文化，用西方人可接受的方式有效表达中华文明的独特性以及与世界文明的共通性，寻找和发现母语与英语文化之间的共同点，帮助学生克服交际心理障碍、民族中心主义、文化定势与偏见等，这也是大学英语文化教学的一项重要内容。

对于学习教材内容的重要性，郑树棠、卫乃兴（1997）指出，课文既是语言学习的实体，又是信息的载体，即要根据课文信息设计出合适的语言学习活动，使学生能扎实学习语言知识，发展交际能力。《21世纪大学英语·读写教程》修订版是由复旦大学和上海交通大学联合编写的一套大学英语教材四个系列之一，共四册，每册八个教学单元，供大学英语教学两年使用。笔者选取该套《读写教程》第二册的一课为例，阐述如何将学生的跨文化交际能力培养融入英语教学的各个环节中去。

本课教学基本情况见表1。

表1 教学基本情况表

教学对象	非英语专业本科一年级学生（国贸专业、汉语言文学专业）
教学内容	21 世纪《读写教程》第二册 Unit3，Text A: The Tale of a Cultural Translator
授课时长	5 节课
教学方法	采用传统的精读课教学方式，但适时地设计师生、生生互动活动，让学生参与课堂讨论。采用隐性和显性教学相结合的方式。

（续表）

<table>
<tr><td rowspan="7">教学目标</td><td rowspan="2">知识</td><td>语言知识：掌握本课中出现的重点词汇及句式。</td></tr>
<tr><td>（跨）文化知识：了解“合资企业”，领悟东西方人在不同文化方面的差异（表层差异如风俗习惯、饮食习惯等；深层差异如思维方式、价值观、道德观等）。</td></tr>
<tr><td rowspan="2">技能</td><td>语言技能：外化本单元的阅读和写作技能：develop a paragraph from general observation to specific examples to illustrate。</td></tr>
<tr><td>跨文化交际技能：掌握一定交际策略，如发现交际话题，懂得回避双方敏感的话题，恰当使用非言语交流等；发展适应能力、变通能力、合作能力等；养成学习能力，包括发现、分析、解决问题的能力，批判性思维能力，记忆能力，观察判断能力，创新能力，寻求资源的能力等。</td></tr>
<tr><td>态度</td><td>学会相互尊重、理解、包容 / 宽容，礼貌、友好，豁达、大度、心胸开阔，能够换位思考、为他人考虑，客观、公正、不极端、顾全大局（赵芳，2014: 46-48）。</td></tr>
<tr><td rowspan="3">教学活动设计</td><td>课堂导入环节</td><td>设计 8 幅体现东西方文化差异的图片，学生按组抽取，对比差异进行汇报。通过小组讨论，学生直观感受到本课学习的重点为理解文化差异。</td></tr>
<tr><td>课文学习环节</td><td>学习语言知识的同时，引导学生就合资企业、文化定势、日美表层及深层文化差异及在企业管理上的体现等文化内容进行思考、讨论。角色扮演再现课本事例。通过显性和隐性教学，让学生掌握语言知识，拓展文化知识，养成能设身处地从他人角度思考问题的开放、包容的态度。</td></tr>
<tr><td>课外学习环节</td><td>课外自学和组内学习，课前展示；班级微信群，不定时推送跨文化方面知识、案例、视频；推荐跨文化网络课程，学生自学。通过多渠道接触跨文化信息，培养学生跨文化意识，逐渐发展跨文化交际能力。</td></tr>
<tr><td colspan="2">评估方式</td><td>课前汇报课外学习内容、PPT 或情景对话，每次课前两组同学；课文重点段落要求学生熟读并录制音频，发送到班群；学期末要求学生提交跨文化方面的小论文。</td></tr>
</table>

课文“The Tale of a Cultural Translator”讲述一个文化翻译者的故事：乔治，一个美国安装工程师，在为一个美日合资企业工作的过程中担当了一个很好的文化翻译者的角色。他对日语并不精通，但因其了解日美两国文化的异同，所以在工作中能够运筹帷幄，受到双方领导和同事的欢迎，他的努力不仅给公司

带来了发展，也让自己在不断变化的形势下取得了事业上的进展。作者在文中强调："有些时候，我们需要某种比好的语言能力重要得多的东西。"这篇文章旨在告诉我们，语言固然重要，但有时候了解一门语言所属的文化远比拥有语言知识要重要。

本课阅读技巧需求相对较低，对于该级别学生语言挑战不大，故本课教学的重点目标是理解文化差异问题，掌握学习策略，外化语言技能。（司显柱、赵海燕，2013）

4.1 课堂导入环节

"好的开始是成功的一半"。好的导入可使学生在心理上做好学习的准备并进入良好的学习状态，激发学生的学习兴趣和求知欲望，从而集中精神学习新授内容。课堂导入既是一堂课的开始，又是教师教学活动的开始，它既能活跃课堂气氛，又为整个教学过程定下基调，为课堂教学的发展提供良好的开端（叶宏志，2009）。

本课教学的重点目标是理解东西方文化差异问题。抓住这个重点教学目标，笔者在课堂导入环节首先设计了一个分小组、看图讨论问题的任务。大屏幕上呈现了8幅东西方文化比较的图片，每小组自行选择一幅图片进行讨论，之后由组内同学向全班汇报讨论结果；图片被某一小组选择后，其他组不能再选择该图片。直观形象的任务设置能吸引学生的注意力，竞争性的任务选取能调动学生参与课堂活动的积极性。通过小组讨论，学生能直观感受到本课学习的重点：理解文化差异。

4.2 课文正文的学习环节

本环节笔者采用传统的精读课教学方式进行授课，但适时的设计师生、生生互动活动，让学生参与课堂讨论。通过角色扮演模拟，让学生感悟乔治作为一名跨文化译员所具有的素养。通过显性和隐性教学，帮助学生掌握本课的语言知识，拓展相应的文化知识，培养学生的跨文化交际技能和能设身处地从他人角度思考问题的开放、包容的态度。

表2 Text Organization

Part I (Para 1)	Introduction: cultural differences → conflicts → need for a cultural translator
Part II. (Para 2–11)	An example: George's story
Part III. (Para 12)	Conclusion: The first thing you need for the problems in a joint venture is a cultural translator.

4.2.1 Part 1 Introduction

表3 引言部分的语言文化信息

Words and phrases to know	run into conflicts; a multitude of; escalate into; keep exclaiming
Cultural information involved	joint ventures, cultural differences in different aspects

本段课文开篇就谈到合资企业。对于国贸专业或者是汉语言文学专业的学生来说，这一经济术语并不陌生。因此，笔者在此设计了提问环节，让学生尽可能用英文阐述他们对joint ventures这一社会经济组织的了解，以增强学生跨文化交际能力的主动意识。

1. Have you ever heard about the term “Joint Venture”? What is it?

2. What do you think are the advantages of taking part in a joint venture? What about the disadvantages?

3. Do you have the intention to work in a joint venture after graduating from university? Give your reasons.

在学生参与讨论结束后，笔者作了如下总结以强化学生对于这类企业的理解：

A joint venture is a business arrangement which joins two or more parties together in a specific economic activity. It is characterized by shared investment, shared ownership, shared governance, shared returns and risks. The parties to the venture share the profits, risks and losses in proportion to each respective contribution to the registered capital.

合资企业就是由两个或两个以上公司一起成立的由投资者共同出资、共同经营、共负盈亏、共担风险的企业。投资各方按照出资比例分享利润与亏损。

随着全球化经济的不断发展，跨国企业、合资企业越来越多。笔者抓住这一契机向学生宣讲：在经济全球化的大背景下，人才的流动也是全球化的，特别是当前我国经济快速发展，走出国门的企业越来越多，作为优秀人才的你们，完全可能为跨国公司服务。作为大学生，尤其是国贸专业的大学生，不应把学习英语的目的非常狭隘地局限在考过四、六级上，要培养自身更高的国际视野，主动丰富自己的异域文化知识，提高跨文化能力。

文中讲到跨国合资企业在运营时出现冲突主要是由于文化差异引起的。关于cultural differences，笔者让同学结合在导入部分对于那八幅图所体现出的东西方文化对比，通过如下问题概括文化差异的总体表现。What is Culture? In what aspects are cultural differences reflected?

通过讨论，加深学生对文化这一包罗万象的概念的理解，使其明白文化涉及生活的方方面面，一个国家或民族的历史、地理、风土人情、传统习俗、生活方式、文学艺术、行为规范、思维方式、价值观念等都是文化所包含的内容。如果对不同民族或国家的文化存在的差异不了解，在进行跨文化交际中势必会导致交际的失败，甚至引发不必要的矛盾。为使学生更直观地感受这一点，笔者为学生播放了一段时长两分多钟的视频，截自英语情景喜剧*Mind Your Language*。

这里，笔者引用美国外语教学专家Winston Brembeck的话引发学生对了解、掌握不同文化知识的重视：To know another's language and not his culture is a very way to make a fluent fool of one's self. 采取只知其语言不懂其文化的教法是培养学生成为语言流利的大傻瓜的最好办法（王立英、傅晓熙，2009）。

4.2.2 Part II An example: George's story

表4 课文正文部分的语言文化知识

Words and phrases to know	nonassertive; expertise; surpass; reinvent; offended; approve of; justify doing; see sb as a threat to...; get into the habit of...; pick up...habits; be faced with; storm into...; in a fury; keep sb on the payroll; go along with; smooth over...
Cultural knowledge	social customs in Japan and America; relationship between employers and employees in each country concerning business management

课文第二段讲述乔治凭借其精湛的专业技能被派到美日合资企业驻日本分部做安装工程师。第三、四两段课文讲述乔治到了日本之后很受日本员工的喜欢。这一部分中首先讲述了日本员工对于派驻到日方来的美国人的一种总体印象，即一种文化定势（stereotype）。该词曾出现在前一单元的课文中，学生对该词已

经有了一定的认知，在这一课的学习中笔者进一步强化，让学生深入了解、掌握它。我们每个人都有对于不熟悉事物的文化定势，即刻板印象，这种印象有可能是积极的，但大多数都是消极的。如果我们总是带着刻板印象去看待我们不熟悉的事物，不和谐因素就会出现。因此，在设计教学活动时，围绕stereotype这一主题，笔者设计如下讨论题供同学思考讨论：

1. What kinds of stereotypes do Chinese people have of Americans and Japanese? Do you think these stereotypes are correct or incorrect?

2. What kinds of stereotypes do you think Westerners have of Chinese people? Do you like it or dislike it when a person puts you in a certain stereotype?

3. Is it possible to talk about a country's people/culture without having stereotypes?

4. In this article, what kinds of stereotypes do Japanese employees have of the American representatives to the Joint Venture?

5. How did George do to successfully eliminate the stereotypes from the Japanese employees?

6. What can we learn from George's success?

通过设身处地的思考和讨论，学生逐渐明白：在进行跨文化交际场合，不能站在本族文化的角度上，戴着有色眼镜看待我们所不熟悉、不了解的人和物，要学会主动站在对方文化的角度去思考问题。透过该篇课文，可以看出，乔治的前任们习惯于用美国的方式来办事，给日本人留下了美国人是独断的、过度自信的（assertive）印象，因此日本员工对派驻到日本的美国商务代表是不信任的，在心理上是不接受的。但是乔治为人谦逊，做事不武断，专业技术知识过硬，待人和蔼友善，乐于学习日本文化、体验日本风俗习惯，这与日本人对美国人的文化定势完全不一样，所以乔治深受日本员工欢迎。

乔治案例的成功给同学们的经验则是：当深处异域文化时，要想方设法融入异域文化，消除别人对自己的刻板印象，以便更好地实现与对方的有效沟通。乔治努力地学用日本语，学习和培养日式饮食生活习惯，甚至改变了自己喝红茶（black tea）的习惯，转而改喝绿茶，这一切都是为了更好地融入日本文化，为了实现与日本人更有效地沟通交流。通过这则案例，笔者引导学生汲取乔治的成功经验，确立主动自觉培养跨文化能力的意识，并在日常学习生活中日积月累，不断提高这一能力。笔者要求学生牢记“When in Rome, do as Romans do”。

讲到红茶时，笔者设计问题“Why do you think the color word BLACK instead of RED is employed in Western culture?”，以强调一个简单的颜色词所蕴含的文化差异。当学生表达完他们的理解后，笔者作如下总结：美国人关注的是茶叶本身的颜色，我们中国人关注的是茶叶经水冲泡后茶水的颜色，所以同一种茶，我们叫作“红茶”，他们称作“black tea”。类似的情况，红糖的对应词应为brown sugar而不是red sugar。进而引导出西方文化注重事物的表象，而东方文化注重事物的内在。

课文第五、六段交代乔治在日三个聘期6年过去了，日方员工已经在技术方面超过了他，因而不需要他继续留在日方做安装工程师。已经深深爱上日本的乔治不得不转型，他决定做一名文化译员。7~11段讲述他的想法的由来和做了文化翻译之后他的处事，此部分作者是运用具体事例来展开的。第七、八两段笔者让学生根据这两段所描述的内容，进行角色扮演，再现课本的事例，这就需要同学充分发挥其想象力，想象乔治面对怒气冲冲的日方总裁闯进其办公室要求对美方的某种做法给出合理解释时，作为文化译员是怎么处理的。通过模拟再现，学生会直观感受到具备跨文化交际能力在跨国企业中是多么地重要。

课文第九段以两个例子（日方会计师必须向美方管理部门解释花在假日礼物上的46,534美元；日方人事经理不得不向美方总部说明继续聘用一个不再需要的化学师的理由）来论证这一段的主题句“有时我们需要掌握比熟练的英语远为重要的东西”。在设计这一段的教学活动时，笔者提出如下问题引导学生思考：

1. Why do you think American management attached so much importance to the details?

2. What do the examples tell you about American business relationships and values?

3. What about the Japanese business relationships and values?

在讨论之前，笔者先让学生简要回顾了前一单元Text B课文中所讲述的东西方文化在教育方式上的差异，再结合本课案例进行思考。学生在发表了自己的看法后，笔者简要做了分析。这两个例子折射出东西方人在价值观念、思维模式以及行为处事等方面的不同。受儒家文化影响，日本的企业充满人治、求稳、求和的文化氛围，在这种文化指导下，员工被认为是与公司的效益、工作效率同等重要的，每一个员工都是集体中的一员，公司不会轻易解聘任何员工，即使他的知识已经落后，不为公司所需要。为了达到“和”，为了追求“稳”，公司甚至逢年过节还为员工花钱买礼物。而美国的文化更加注重直接性和实用性，其思维模式是线性的，倾向于对事实的量化。在这种文化指导下，他们的企业追求的是公司所获得的利润，是员工的工作效率，员工的报酬是依据其对公司的贡献大小来分配的，一旦员工没有使用价值了，就会面临失业的危险。美国人的线性思维模式以及对事实的量化倾向使其在工作中凡事都要求用事实说话，对每一个决定都要求给出合理化的解释。

课文第九段还是一个很好的可供学生模仿的段落，它以一个主题句开始作为此段论述的中心，然后用具体事例加以论证。为提高学生的写作能力，笔者带领学生学习了课后structured writing部分的内容，并布置了写作任务：模拟课文发展段落的手法，在课后提供的三个主题中任选其一进行段落写作。该项写作任务为课下作业，学生自己写完并自我修改后，要求学生之间互换作业，阅读并评价同学的作文，将评价附在作文后面，并署上评价者的名字。之后笔者一并收回，作为对学生考核评价的一个依据存档保留。

课文第10~11两段讲述了乔治作为一名文化译员运筹帷幄，帮助日美双方成功化解了各种由于文化差异引发的小摩擦及误解。这两段没有具体事例，但乔治的陈述却道出了在美日双方出现误解时，文化翻译的职责是要帮助双方各自从对方的角度看待和考虑问题（perspectives），应以开放包容的态度对待他方文化，避免民族中心主义（ethnocentrism）。

4.2.3 Part III Conclusion

作者在最后一段得出结论：合资企业首先需要文化翻译，以呼应第一段提出的在合资企业中文化翻译必不可少的论述。

课文学完后，笔者为学生设计了如下思考题: With the deepening of globalization, you have more chance to contact people from different parts of world, even to work with people from other countries with different cultures, social values, thinking mode, way of doing things, etc. In this case, how do you behave to avoid conflicts and work in harmony with them? 通过学生间彼此交流想法，让学生明白在遭遇文化差异时该如何处理，以什么样的态度和方式来得体地对待跨文化差异。这种让学生进行设身处地的思考从一定程度上培养了学生的跨文化交际能力。

4.3 课外学习环节

教师在将跨文化内容融入课堂教学的各个环节之外，还要在丰富学生课外活动上下功夫，以培养学生的自主学习能力和同学间合作学习的能力。为此，在课程中间需要放松休息时，笔者总是为学生播放英语情景喜剧*Mind Your Language*，这可以说是一部反映跨文化交际的好作品，该剧讲述了来自不同国家、有着不同文化背景、宗教信仰、讲着不同语言的人在英国一家夜校学习英语的搞笑故事。该剧每一个情节片段只有十一二分钟，但每一个情节都包含由于文化差异导致的误解，包括发音的不同、某些表达所包含的不同文化内涵及所折射出的文化信仰、价值观念等。在课后，笔者有针对性地给学生布置有关不同国家、民族之间文化差异的作业，让学生充分利用互联网和各种图书资料，收集和归纳信息，并在课前以PPT的形式汇报给大家。经实践，学生普遍反映，这一做法既有利于了解不同文化的异同，巩固和补充所学知识，也迫使学生收集了解更多的跨文化知识；同时汇报的过程既锻炼了口语表达能力，也使更多学生分享了自己的成果，有利于学生跨文化能力的提高。除此之外，笔者为学生建了微信班群，推送有关跨文化方面的知识、案例或视频，让学生充分利用课余时间，多渠道接触跨文化信息，以培养学生跨文化意识，逐渐发展跨文化交际能力。对于课内重点段落，笔者要求学生熟读并录制音频，发送到班群，作为激励学生读书的一种手段，同时也对学生进行了形成性评价。

随着网络的普及和科技的发展，MOOC为学生提供了更多的学习机会，学生打开电脑就可以学习到国内甚至世界各大高校所开设的开放课程。为使学生了解更多跨文化知识，并能用英语表达和传播中华优秀文化，笔者为学生推荐了一门网易公开课：中西文化差异，由对外经济贸易大学史兴松教授主讲；Future Learn平台上由上海外国语大学主创的Intercultural Communication以及外研社Unipus学习平台上U讲堂提供的免费课程“中国文化二三事”。要求学生利用课余时间登录其一，进行课外自主学习，或同学间结组学习，学期末要提交学习心得及一篇跨文化方面的小论文，以此作为评价学生学习效果的一种手段。

总之，跨文化能力和跨文化交际能力在大学英语教学中的重要地位已经获得了广泛共识，大学英语教学过程应当扩展为跨文化教学的过程，在这一过程中学生应能同时学到语言知识和文化知识。为此，教师在这一过程中的角色不仅仅是语言、文化知识的传播者，同时也应是不断提高学生跨文化交际能力的促进者（Kramseh, 1995引自王勇，1998）。

参考文献

Castro, P. & Sercu, L. 2005. Objectives of foreign language teaching and culture teaching time[A]. In Sercu, L., Bandura, E., Castro, P., Davcheva, L., Laskaridou, C., Lundgren, U., Ryan, M. *Foreign Language Teachers and Intercultural Competence: An International Investigation*[M]. Clevedon: Multilingual Matters Ltd.

Meyer, M. 1991. Developing transcultural competence: Case studies of advanced foreign language learners[A]. In Buttjes, D. & Byram, M. *Mediating Languages and Cultures*[M]. Clevedon: Multilingual Matters.

毕继万. 2005. 第二语言教学的主要任务是培养学生的跨文化交际能力[J]. 中国外语 (1): 66-70.

陈建文, 刘正光. 2016. 跨文化交际能力培养应该融于语言教学各环节[J]. 外语学刊 (6): 116-120.

陈俊森、樊葳葳、钟华. 2006. 跨文化交际与外语教育[M]. 武汉：华中科技大学出版社.

戴炜栋、张红玲. 2000. 外语交际中的文化迁移及其对外语教改的启示[J]. 外语界 (2): 2-8.

葛春萍、王守仁. 2016. 跨文化交际能力培养与大学英语教学[J]. 外语与外语教学 (2): 79-86.

胡文仲. 2013. 跨文化交际能力在外语教学中如何定位[J]. 外语界 (6): 2-8.

康淑敏. 2010. 外语教育中的文化意识培养[J]. 教育研究 (8): 85-89.

蒋晓萍、康兆春、罗赛群、霍明杰、张黎琴. 2010. 跨文化教学之重: 外语教学的跨文化诠释[M]. 广州：广东人民出版社.

刘丹. 2015. 跨文化交际能力构念与培养研究[J]. 外语学刊 (6): 127-131.

束定芳、庄智象. 2008. 现代外语教学——理论、实践与方法[M]. 上海：上海外语教育出版社.

司显柱、赵海燕. 2013. 构建主义教学模式视阈中的大学英语课程设计[J]. 外语电化教学 (3): 70-74.

王立英、傅晓熙. 2009. 趣谈跨文化交际中的语用失误现象[J]. 浙江工贸职业技术学院学报 (3): 79-82+74.

王守仁. 2016.《大学英语教学指南》要点解读[J]. 外语界 (3): 2-10.

王勇. 1998. 在语言教学中培养跨文化交际能力[J]. 国外外语教学 (4): 7-12.
杨盈、庄恩平. 2007. 构建外语教学跨文化交际能力框架[J]. 外语界 (4): 13-21+43.
叶宏志. 2009. 浅析英语课堂教学导入技巧[J]. 山西师范大学学报（自然科学版）(6): 95-97.
张红玲. 2007. 跨文化外语教学[M]. 上海: 上海外语教育出版社.
张红玲. 2009. 外语教师跨文化能力培训研究[A]. 贾玉新, 孙有中. 跨文化交际研究（第一辑）[C]. 北京：高等教育出版社, 278-290.
张红玲. 2012. 以跨文化教育为导向的外语教学: 历史、现状与未来[J]. 外语界 (2): 2-7.
赵芳. 2014. "渗透式"跨文化交际能力培养模式研究[D]. 上海外国语大学博士论文.
郑树棠、卫乃兴. 1997. 面向21世纪开发新一代大学英语教材——大学英语教学现状研究之二[J]. 外语界 (1): 31-36.
大学英语教学指南（送审稿）. 2015. 文库下载 http://www.wenkuxiazai. com/doc/69680453d1f34693dbef3e7a-2.html.

作者简介：
袁光环，讲师，主要从事大学英语教学工作。研究方向：英美文化，跨文化交际。Email: er_1996835@sina.com

Abstracts

Mode Changes of English Language Teaching for Application-oriented Engineering Talent Cultivation in Regional Universities — Reflection on Emerging Engineering Education

NIE Hui NIE Zhi

【Abstract】 Emerging engineering development calls for the innovative mode change of the applied engineering talent cultivation in regional universities. The paper focuses on the mode change of English language teaching in regional universities, and discusses how to innovate its teaching philosophy, curriculum development/course design and pedagogical approaches while upgrading teacher competencies to cultivate applied engineering talents with good intercultural communication competence.

【Key words】 Emerging Engineering; Application-oriented Engineering Talent Cultivation in Regional Universities; English Language Teaching Mode; Intercultural Communication Competence

The Development of Informationized Teaching Ability by College English Teachers

LIU Hong

【Abstract】 Considering the huge number of college English teachers in our country, there's much room for the improvement of its overall professional development. The rapid advance of modern educational technology has made it a matter of great urgency for the development of college English teachers, especially their informationized teaching ability. Based on the research of related essays, this paper, from the perspective of the informatization evolvement of college English teaching reform in the last fifteen years, analyses the opportunities and challenges faced by college English teachers under the conditions of educational modernization and strives to excavate the internal and external growth conditions and development environment for promoting the improvement of college English teachers' informationized teaching ability in China. Some suggestions and measures are also put forward for promoting the comprehensive quality, especially the informationized teaching ability of college English teachers, aiming at further improving the effectiveness of college English teaching reform in the information age.

【Key words】 college English teaching reform; informatization; teachers' professional development; informationized teaching ability

Portfolio Tasks in Academic Writing Instruction

ZOU Bin LI Hui QU Lijie LIU Zexi

【Abstract】 Portfolios have been considered as a potential instrument which helps students with their academic study. However, despite the fact that portfolio may be an effective tool to help EFL learners to improve writing skills, few studies were found about the use of portfolio tasks in academic writing in English for academic purposes (EAP) teaching in China. This study investigates the impact of portfolio tasks in academic writing based on students' perspectives on portfolio tasks in helping them with their academic writing in an EAP teaching context at a university in China. Questionnaire and interview are used as research techniques and 85 students who are from Year Two at the business school at this university including accounting, business administration and economics participate in this research. There are four portfolio tasks in the EAP course to help students complete a coursework: writing a literature review; formulating research questions and developing research instruments; conducting the survey; analyzing results with graphs description. The findings show that most participants consider portfolio tasks to be useful in their coursework writing due to the fact that they separate the whole report into relatively small parts with different deadlines, which could reduce students' pressure. The results also demonstrate that portfolios could assist students in many aspects including enabling them to access various Internet sources, creating a good literature review, being familiar with an international reference system as required, designing survey questions, and analyzing tabulated data. Simultaneously, the task sheets provide students with clear instructions about what they should do in this task and what skills they would acquire. However, the findings also suggeste that tutors are recommended to provide further detailed information about how to find gaps in literature review, as well as offering both general and individual feedback to students. Meanwhile, more time should be given to students to search for academic references, yet students are also required to improve their skimming and scanning skills.

【Key words】 EAP; writing; portfolio

A Case Study on Blended Learning Applied to ELT Listening and Speaking Class for Non-English Major — Based on "Blackboard" and "Questionnaire Star"

ZHAO Huaxue DAI Bin

【Abstract】 Blended learning, a combination of face-to-face and online instruction, is seen as one of the most important recent advances in education. While previous CALL studies have looked at various aspects of blended learning in foreign and second language classes, they have not allowed for a sufficient description of what actually happens in an environment of a blended learning class. In order to further advance the research in this area, a framework proposed by Neumeier was used to describe a technology-enhanced blended-learning model. The case study described here examined an intermediate ESL listening and speaking class in an intensive English program. The class used a commercially available learning management system (Blackboard), to combine face-to-face classroom learning and online learning in the computer lab and for homework (CALL mode). The main findings of the study indicate that all language skills can be successfully integrated into both modes. These results can inform the design and implementation of new blended learning models as well as the comparison with the existing models.

【Key words】 Blended Learning; Online / Offline; Task-based Learning; Team-based Learning; Blackboard; Questionnaire Star

Research on POA-Based Teaching of Listening and Speaking in English for Graduate Students of Agricultural Sciences

XU Jiaping CAO Xinyu YIN Wei

【Abstract】 This paper reports on the findings of a case study on POA-based teaching of listening and speaking in English for post-graduate students of agricultural sciences. Firstly, it discusses the existing problems in graduate students' English learning and lack of proficiency in listening and speaking in English. It goes on to introduce the production-oriented approach (POA) of teaching identified by Wen Qiufang. Then, it analyzes the present situation of teaching English listening and speaking for post-graduate students in agricultural universities as well as the difficulties in adopting POA in class. After that, it elaborates on the detailed teaching plan and contents of an eight-week experiment using the production-oriented approach of teaching in listening and speaking class at Nanjing Agricultural University. Concerning the characteristics of agricultural students, the teaching materials of "12th Five-Year Plan" for National Agricultural and Forestry College students were adopted. In order to have substantial input and practice listening skill, the students were instructed to listen to the VOA English reports on agricultural science and technology before class and make preparations for discussion and presentation in class. They were encouraged to give a summary of what they had heard and interact with each other in groups. Finally, the paper presents the findings of this teaching experiment. The data was gathered by utilizing classroom observation, questionnaire and students' diary reflection. The results showed that POA in English listening and speaking teaching had a positive effect. The students' listening and speaking skills in English were evidently improved and their confidence in learning and practice was enhanced. The act of making assignments and pushing students to actively engage in presentation and discussion significantly transformed the students' laziness and passivity in learning English in class. At the same time, the integration of English learning and professional knowledge could be helpful to the students' future career and social adaptability.

【Key words】 production-oriented approach; graduate students of agricultural sciences; teaching of listening and speaking in English

Investigating the Deviant Use of V-N Collocations in L2 Writing by Doctoral Students in Sciences and Humanities

WANG Wenyu LI Xiaosa

【Abstract】 Collocations are believed to be conducive to the fluency and idiomaticity of the L2 production. In order to reveal the various problems in the collocational use in advanced L2 learners' written production, this study analyzed 60 argumentative essays written by Chinese Ph.D. students specializing in sciences and humanities. Analysis has yielded the following major findings: among all the V-N collocations used in the essays, nearly a quarter was deviant, and the local errors significantly outnumbered the global errors; among the global errors, the occurrence of "whole collocation inappropriate"(WCI) was significantly higher than that of "stretched verb construction" (SVC); the occurrences of various local errors were also significantly different, with word choice errors (esp. misuse of synonyms and overuse of general verbs) ranking in the first place, form errors (esp. plural form and part of speech errors) and component-missing errors (esp. absence of articles and prepositions) in the second and the third place, component redundancy and incorrect structure at the bottom; causes for these deviations may include L1 influence, misunderstanding of the usage of general verbs, ignorance of collocation restrictions and neglect of the grammatical words in V-N collocations. Based on the above findings, it is suggested that teaching of collocations be highlighted in the L2 classroom instruction so as to help learners improve the idiomaticity of their L2 production.

【Key words】 V-N collocations; deviant collocations; L2 writing; doctoral students

College English Program at Peking University — From the Perspective of Liberal Education

LI Shujing TIAN Jianqiu ZHANG Min MA Xiaoqi

【Abstract】 In response to the personnel training objectives of Peking University, and in order to implement the education policy, Peking University has carried out the reform of college English teaching plan throughout the university since 2016. Based on the combination of liberal education and professional education, guided by *College English Teaching Guidelines*, this reform has been significant in terms of teaching objectives, teaching system, course design, evaluation system, teacher management and other aspects. It also effectively promotes the diversified personnel training and the construction process of first-class international universities.

【Key words】 college English; teaching plan; liberal education; diversified personnel training system

The College English Teaching Program Featured by "Student-orientedness and Diversified Innovation" at Zhejiang University

HE Lianzhen FANG Fumin ZHOU Songbo LI Hang

【Abstract】 One of the missions of Zhejiang University is to cultivate high-quality innovative talents and leaders with remarkable global competitiveness. In order to accomplish this mission, the Foreign Language Teaching Center of Zhejiang University carried out multi-dimensional reforms in terms of curriculum design, evaluation and teaching approach in accordance with the tenets of "student-orientedness and diversified innovation". These reforms effectively promoted the quality of teaching and the cultivation of international talents. First, the reformed college English curriculum helped boost students' capabilities in English use in an all-round manner. Second, Zhejiang University English Proficiency Test facilitated a tangible fusion of English teaching, learning and assessment, thereby improving students' abilities to use English skillfully. Third, the integration between the "student-centered" teaching approach and the customized learning mode tremendously fostered students' autonomous learning ability.

【Key words】 college English; curriculum; student-centered teaching approach; autonomous learning ability

GDUFS College English Education System Based on Formative Assessment

LIU Jianda, CHEN Jinshi

【Abstract】 Constructing and practicing the College English Education System for Students' All-round Proficiency, Guangdong University of Foreign Studies (GDUFS) focuses on the internationalized personnel cultivation based on the idea of formative assessment, i.e. the improvement of students' all-round proficiency, including their language skills, cross-cultural communication competence, and ability to develop professionally in the future. It has been practically proved that formative assessment is adapted to the new ecological environment of foreign language teaching and assessment in China. With the help of modern information technology, the practice of flipped classroom and blended teaching mode, and the construction of students' e-portfolio in the form of "course credits", formative assessment has solved the common problems in college English teaching and talents cultivation nationwide. Meanwhile, as an important part in the internationalized talents training, English for Specific Purposes has helped increase students' English language proficiency in their academic progress and their professional development.

【Key words】 college English; education system; formative assessment; English for Specific Purposes

Using Flipped Classroom Approach to Facilitate Deep Learning in a College English Class

JIANG Yumei

【Abstract】 Deep learning aims to facilitate the acquisition of deep level meaning and plays an important role in improving learning motivations, strategies, and outcomes. The integration of deep learning with the flipped classroom approach proves helpful in exploring the depth and breadth of knowledge acquisition and improving the lcaning efficiency and quality. This study uses flipped classroom approach to facilitate deep learning in an English listening, speaking and cross-cultural communication class based on movies. The class design consists of three phases: pre-class, in-class, and after-class, through which the deep learning cycle is completed.

【Key words】 deep learning; flipped classroom; college English

Task-based Cooperative Learning Teaching Practice in the Context of Academic English Listening and Speaking

ZENG Yan

【Abstract】 In view of the different objectives and characteristics of academic English listening and speaking from basic English in the aspects of teaching and learning concepts, approaches, strategies, class activities and evaluation methods, this study explores a new path of academic English listening and speaking. In the teaching practice, the task-based cooperative approach is used to integrate the application of knowledge and expansion of academic English listening and speaking skills into the context of cooperative learning aiming at combining collaborative learning tasks and critical thinking with language applications (such as analytical ability, generalization ability, academic discussion and debating ability, evaluation ability, writing ability and information presentation skills, etc.). With the optimization of knowledge structure and capacity structure, the development of students' critical thinking ability and the improvement of foreign language competence as the main focus, the task-based cooperative approach to academic English listening and speaking proves to be facilitating and productive means to guide college students to realize transformation towards deeper and more creative English learning and language use.

【Key words】 academic English listening and speaking; task-based cooperative approach

Research into the Development of Students' Intercultural Communication Competence in English Teaching: Taking a Unit in *21st Century College English* as an Example

YUAN Guanghuan

【Abstract】 With the increasing contacts among nations with different cultures under the globalization, talents with high intercultural qualities are in great demand. And intercultural communication competence (ICC) has already become one necessary skill for today's university students. College English course undertakes the important task of promoting the international discourse right and training internationalized talents for the opening of the country. Confronted with this new situation, college English teachers should face up with this challenge to branch out the process of language teaching to developing students' ICC. This paper first states the necessity of developing students' ICC in the process of language teaching, then takes a brief account of the teaching status and makes an analysis of the reasons hidden behind it. After that, the component of ICC is analyzed based on previous scholars' researches both at home and abroad. At last, based on the teaching materials nowadays used by students, this paper discusses the cultivation of students' ICC from the three stages of classroom teaching: the lead-in, the text study and the extracurricular activities, hoping to give teachers who teach non-English majors some inspirations in the way to integrate students' ICC development with conventional classroom teaching.

【**Key words**】 intercultural communication competence; college English teaching

《大学外语教学研究》征稿启事

《大学外语教学研究》由教育部高等学校大学外语教学指导委员会、高等教育出版社、国际语言研究与发展中心共同主办，全国大学英语四、六级考试委员会协办，编辑部由高等教育出版社与南京大学大学外语部共同组成。《大学外语教学研究》旨在进一步推动我国大学外语教学的改革与发展，在该领域凝聚一批专家学者，为大学外语的教学改革搭建学术平台，使该平台一方面成为引领我国大学外语改革与发展的风向标，另一方面为我国大学外语教育事业积蓄后续力量。

《大学外语教学研究》聚焦于我国本科及研究生阶段的公共外语教学与科研相关的最新成果和动态，探讨大学外语教学理论与方法，交流大学外语教学与改革经验，评介大学外语教学与科研图书资料。包括“语言政策”“教学理论与实践”“测试与评估”“教材研究”“信息技术应用”“教师发展”“国外外语教学”“学术会议综述”“书刊评介”“观点争鸣”“课堂设计”等领域。

欢迎外语界专家学者对大学外语教育政策和理念进行思考与讨论，同时期待一线教师结合本人或本校经验对大学外语教学理论和方法开展科学的探索与总结。此外，也欢迎其他学科（如教育学、心理学、社会学等）专家学者对大学外语教学的真知灼见，以推进我国大学外语教学改革与科研向纵深发展。

一、来稿要求

1. 来稿力求精炼，论文以10 000字以内为宜，重点稿件可达12 000字，书评、会议综述、观点争鸣、课堂设计6 000字以内为宜。
2. 稿件请按中文标题、中文摘要、中文关键词、英文标题、英文摘要、英文关键词、正文、注释、参考文献顺序撰写，用WORD软件处理和打印。
3. 另页写明作者姓名、职称、研究方向、工作单位、职称和详细联系信息，包括通讯地址、邮编、电话号码、电子邮箱等，以便联系。

4. 接受用中、英文撰写的稿件，作者需自行负责稿件文法的正确与通顺。
5. 稿件体例请参阅“《大学外语教学研究》稿件格式要求”。

二、稿件处理

1. 来稿请发至编辑部邮箱dxwyjxyj@163.com。
2. 按国际学术界通行做法实行同行专家匿名审稿，投稿4个月未获录用通知，作者可另行处理。来稿恕不退还，请自留底稿。
3. 稿件文责自负，来稿请勿一稿多投。编辑可对拟用稿件作必要的修改或删节，不同意者请在来稿中事先声明。
4. 不向作者收取任何费用。对发表的稿件，不付稿酬，届时将寄送当期样书2本。

三、编辑部联系方式

南京：江苏省南京市仙林大道163号南京大学大学外语部《大学外语教学研究》编辑部 210023

北京：北京市朝阳区惠新东街4号富盛大厦22层《大学外语教学研究》编辑部 100029

投稿邮箱：dxwyjxyj@163.com　　　　联系电话：010-58556324

《大学外语教学研究》稿件格式要求

1. 稿件构成

中文标题、摘要、关键词

英文标题、摘要、关键词

正文

注释

参考文献

附录（如果有）

作者姓名、职称、研究方向、单位、通讯地址、电话号码、电子邮箱（另页）

2. 摘要与关键词

论文须附中、英文摘要，中文摘要200~300字，英文摘要300~350词。另请择出能反映全文主要内容的关键词3~5个。

3. 正文格式

1）小标题 一般单独占一行，左对齐。

2）层次编码 使用1.1、1.2、1.3的格式。

3）正文 正文采用5号宋体字。引文务请核实无误，并注明出处。

4. 注释

注解性内容分附注、脚注和夹注三种。

1）附注 一般注释采用附注的形式，即在正文需注释处的右上方按顺序加注数码1、2、3……，在正文之后写明“注释”字样，然后依次写出数码1、2、3……和注文。

2）脚注 对标题的注释或对全篇文章的说明以脚注的形式处理，注号用* 而不用阿拉伯数字，列在当页正文下方，回行时与上一行注文对齐。

3) 夹注 对文稿中的引文和所依据的文献无需特别说明者，以夹注的形式随文在括弧内注明作者姓名（英文只注姓）、出版年份及引文页码，例如:

（桂诗春，1998: 96）

（Mackey，1965: 50）

（Richard & Rogers，1982: 153）

（Dogil et al.，1996: 481）

（Wen，1993；文秋芳、王海啸，1996）。

5. 引文

引文较长者（中文100字以上，外文50词以上）宜另起一行，不加引号，左边整体缩进一格。

6. 译名

外文专有名词和术语一般应译成中文。不常用的专有名词和术语译成中文后，宜在译名第一次出现时随文在括弧内注明原文。英文人名可直接在文中使用，不必译成中文。

7. 例句

例句较多时，宜按顺序用(1) (2) (3) 将之编号。每例另起，空两格，回行时与上一行例句文字对齐。

8. 图表

图标题置于图的下方，表标题置于表的上方，图/表标题的格式为：图/表号+空格+图/表标题。例如：图1 数字化环境下大学英语教学的模式。

9. 参考文献

参考文献条目按作者姓氏（中文姓氏按其汉语拼音）的字母顺序、中外文分别排列。外文文献在前，中文文献在后。同一作者不同时期的文献按出版时间的先后顺序排列。每个文献条目包括作者姓名、出版年份、书目题名及类型标识（专著为[M]，论文集为[C]，期刊文章为[J]，论文集内文章为[A]，博士论文为[D]，硕士论文为[MA]，工具书为[Z]，报纸文章为[N]），专著、学位论文、论文集注明出版地、出版者，期刊文章注明刊名、刊物的卷号和期号、文章的起止页码。外文书名以斜体书写，实词首字母大写。外文论文篇名以正体书写，仅篇名首字母大写。每条顶格写，回行时缩进两格。例如：

Foong, K. & M. Vallance. 2005. *Teaching English to Chinese ESL Students: Classroom Practices* [M]. Singapore: Pearson Education.

Hu, G. 2007. Developing an EAP writing course for Chinese ESL students [J]. *RELC Journal* 38: 67-86.

Kasper, L. F. 2000. *Content-Based College ESL Instruction* [M]. London: Lawrence Erlbaum.

Peters, A. M. & T. B. Stephen. 1986. Interaction routines as cultural influences upon language acquisition [A]. In B. B. Schieffelin & E. Ochs (eds.). *Language Socialization across Cultures* [C]. Cambridge: CUP. 80-96.

杨惠中、C. Weir. 大学英语四、六级考试效度研究 [M]. 上海：上海外语教育出版社.

林莉兰. 2014. 大学英语自主学习模式效果保障机制探索 [A]. 载王守仁、文秋芳、金艳（编）. 全国高校大学英语教学发展研究：理论与实践 [C]. 北京: 外语教学与研究出版社. 7-9.

教育部高等教育司. 2007. 大学英语课程教学要求 [Z]. 北京: 外语教学与研究出版社.

王守仁、王海啸. 2011. 我国高校大学英语教学现状调查及大学英语教学改革与发展方向 [J]. 中国外语(5): 4-11.

文秋芳. 2012. 大学英语面临的挑战与对策：课程论视角 [J]. 外语教学与研究(2): 283-292.

网上下载的文献应注明相关网页的网址，如：

Jiang, Yan. 2000. *The Tao of Verbal Communication: An Elementary Textbook on Pragmatics and Discourse Analysis*. http://www.polyu.edu.hk/cbs/jy/teach.htm.